本书为国家自然科学基金青年项目“农业转移人口居住空间类型与可获性评价——以太原都市圈为例（41501161）”的阶段性成果

城市社区体系结构可获性研究

张侃侃◎著

山西出版传媒集团
山西经济出版社

自 序

随着工业化社会发展，人们对城市的社会–生活空间质量有了新的需求。因而，对城市社会空间及其结构，即对城市社区体系空间结构的研究成为人文地理学社会–文化转向以来学术研究的前沿方向。伴随着改革开放的深入和市场经济体制的确立，中国正经历着在全球化背景下从传统农业社会向现代工业社会、后工业化社会转型。在社会结构的转型中，最突出的就是“单位制社会”向“社区制社会”的转变，这一转变表示城市人本化的社区体系正在形成。该体系的空间结构完整，表示城市中各阶层都有可获得的居住生活空间；其结构缺失，表示某些阶层的居住空间被剥夺。有鉴于此，研究城市不同发展阶段的社区体系的形成机制、空间结构及其可获性水平，在现实背景下有很强的应用价值。

本书基于人本主义思想，运用地理学、社会学的研究方法，解构城市社区体系，系统地探讨城市社区体系空间结构的可获性原理，在此基础上首次提出社区体系空间结构可获性评价方法，并从城市资源可获性和社会空间可进入性等角度研究社区体系结构可获性的控制和提升。研究对象为太原市的坞城街道办事处辖区，此区域是一个完整的行政单元，便于内部协调和调研。

本书的第一章为绪论，介绍主要涉及的概念、研究背景和方法。第二章为社区体系空间结构的研究进展，主要是对城市社会-生活空间质量观及城市社区体系规划的研究背景、前沿问题、学术方向等方面进行了探讨，认为城市社区体系规划必须结合生活物质-社会环境的适居性和宏观-文化生态环境水平的舒适性进行营造，只有把握好城市社区体系供给和空间结构需求的实现环节，才可以真正实现居住空间的适居性和舒适性的共同满足，提高生活空间质量。第三、四章是基于对城市社区体系现状的认识，对城市社会区域划分原理与方法、社会空间的形成和演化原理进行了梳理和总结。第五章系统论述了剥夺和可获性的内涵，以及此理论与社会空间公正问题的联系。第六章系统地对城市社区体系空间结构可获性的理论与评价原理进行阐述，从空间机会剥夺的原理出发，系统地构建了城市社区体系空间结构可获性的评价原理、理念及其评价方法，构建了居舍类型剥夺可获性指数评价指标体系，创立了城市社区体系形成机制下社区体系空间结构可获性的居舍类型剥夺评价体系。第七章基于案例对可获性评价方法做了实证研究。第八章是对第七章调查结果的优化建议，针对案例区社区体系空间结构可获性水平的现状，在界定城市资源内涵的基础上，从城市社区体系空间结构建构与城市资源供给耦合的角度，提出重构与调整社区体系空间结构应采取的三条控制路径——“区域路”结构下的商娱场所引力中心控制、社区体系下的交通空间体系资源分区覆盖结构控制和城市资源供给技术控制，以提升城市社区体系空间结构的可获性水平。最后，进行小结和未来进一步研究的设想。

本书可以视作对城市居住空间的重新思考。

张侃侃

2015 年夏于太原

目　录

第一章　绪论

一、基本概念界定

(一)社会空间

社会空间的概念最早由“芝加哥学派”的学者提出,他们认为:“社会是由许多在空间上彼此分隔、在分布上却有统一的地区联系,而且能以独立移动的个人所组成的。”人类自身形成这种空间上的联系形式是竞争和选择的结果,并且,随着新因素的参与影响竞争关系或促进人口流动,这种空间联系形式还在不断变化之中。人类的组织形式以及人性本身也在因不断适应人类的空间联系形式而发生着变化。随着这些空间形式的变化,社会关系的物质基础也会改变,因而产生各种社会问题和政治问题(帕克等,2012)。

约翰斯顿(2004)对社会空间的定义为:“社会群体感知和利用的空间”,在该空间中能够反映出社会群体的价值观、偏好和追求等。认为通过他们的社会经济和人口统计学的特征,他们共同的价值观和态度,以及由此所形成的相同的行为方式,可以确认城市居住区内马赛克图中被同质群体占据的部分,这种空间由群体定义并赋予其含义。另外地理学家将城市社会空间看作与物质空间和经济空间相对应的概念,社会空间是社会活动和社会组织所占据的空间,按照活动对象将城市的社会空间划分为居住空间、行为空间和感应空间等,并按照空间等级大小划分为:邻里、社区和社会区。从地理学的观点来看，社会空间与社会学的主观和客观社会空间意义相似，但有明显的地域意义。

社会空间的基本形式有三个划分标准：①从社会时间转化为社会空间的基本方式来看，有物化型、关系型及制度型三种形式；②从社会实践转化为社会空间的特点来看，有个体型与整体型；③从人类活动的历史形式来看，有史前史的、统一世界历史的和同一世界历史的历史型（唐巴特尔，2002）。

"社会空间"也是社会学中的一个重要概念，一种观点认为其等同于基层社会"Substrate Society"，关注社会的分化，比如社会地位、种族、宗教的变化；另一种观点侧重于邻里和人与人的交往研究。而地理学者所关注的社会空间则具有明显的地域意义，按照空间等级大小依次为家庭、邻里、社区、城市区域甚至国家（许学强，周一星，宁越敏，1997）。

与地理空间有关的社会空间有广义和狭义之分。广义的社会空间，通常认为是由社会的生产、构筑、组织而成的可视的社会空间，这些社会物质、关系和存在的总体构成了社会空间。狭义的社会空间，是指特定社会集团生活场所占据的地理空间。本书采用的是后一种观点。对这一含义最早进行阐述的是特纽鲁克姆（李永文，1996）。

我国的学者也对社会空间的定义不断地探索，项飚（1996）在"浙江村"案例的分析中指出："流动人口已形成了一个新的'社会空间'。在这个空间里，他们有不同于其他社会群体的生存方式、行为规则、关系网络乃至观念形态，而且这些要素已成为一种结构化的东西。这个空间超越了原社会中的一些重要边界，如地域、部门等等，不能为既定的社会构成方式所接纳，甚至也不能与之接轨。""这样的圈子是一个实实在在的'社会性实体'，但又不能被概括为'组织'、'团体'、'阶层'或'共同体'，……在城市中自发形成外来人口聚居区是这种空间的典型形式。"在这段描述中，流动人口作为一种社会群体，形成一种有别于其他社会群体的社会空间，其聚居区就是这种社会空间的物质表现。

城市社会空间的研究方法，在20世纪70年代之前以定性描述为主，代表者有谢夫凯、威廉斯和贝尔创立的社会区域分析法(Social area analysis)。20世纪70年代之后，产生了因子生态分析法(Factorial ecology analysis)，成为主导的社会区域分析法(虞蔚，1986)。

城市是一个由物质空间和社会空间组成的空间实体，因此，城市的规划与设计既包含物质空间，也包含社会空间。城市社会空间主要研究不同类型居民在城市中的分布与聚居，同时注重居民社会属性的分析，如社会经济地位、家庭、种族等，并且基于这些社会属性的不同，产生城市社会空间分异。城市社会空间分异是指城市社会要素间存在明显的空间不均衡分布现象。如果将居住空间(包括附加的生活设施、服务、认同)视为社会属性的一种现实表现的话，那么居住空间分异就是社会阶层最直接的空间展现，不同社会阶层内部差异和其自身的差别造成了一定规模的居住空间分异格局(吴启焰、崔功豪，1999)，在空间上表现为城市社会区的形成。社会阶层分化与社会区划分是研究中国城市居住空间分异的重要维度(孙斌栋、吴雅菲，2009)。

一般来说，"居住空间分异"是指不同职业背景、文化取向、收入状况的居民住房选择趋于同类相聚；居住空间分布趋于相对集中、独立、分化的现象。居住空间选择中的"主动分异"和"被动分异"不仅是与社会分层机制相关的空间选择结果，同时也是导致社会阶层封闭趋势显性化的动力机制。个人的居住选择能力在很大程度上由其社会阶层地位决定，这会深刻影响其对城市空间资源的获得和使用，进而导致居住空间及其城市空间资源使用上的社会差异被不断地"再生产"，最终成为社会分化和阶层固化的动因之一。如果说“经济—社会”的宏观维度为我们勾勒出城市居住空间分异的静态图景，那么引入微观层面上的“主动分异”和“被动分异”则揭示了城市居住空间分异的动力机制和动态过程（王昕、潘绥铭，2013）。

社会学在“什么因素影响了邻里关系”的问题上，存在着微观、中观和宏观三个不同的分析视角。在微观视角上，研究者把注意力放在社区居民个人的人口特征或社会特征上，以社区居民个体差异来解释居民邻里关系的状况。在中观视角上，研究者把注意力放在社区结构特征对邻里关系的影响上。在这一研究视角里，国外研究者主要关注社区异质性对邻里关系的影响，国内学者则相对关注得较少。国内学者在社区视角下开展的居民邻里关系研究，都会注意社区类型，即从社区住房的产权性质、社区居民的单位特征或街区历史维度，把城市社区分为商品房社区、单位社区、老式小区、公租屋小区等，认为社区类别是影响居民邻里关系的重要变量（蔡禾、贺霞旭，2004）。

(二)社会空间结构

1.社会区域

20 世纪 40 年代美国社会学家谢夫凯（Shevky E）和威廉斯（Williams M）首次提出社会区域的概念（Shevky E，Williams M，1949；Shevky E，Bell W，1955），许多学者从社会区域的角度对全球不同国家和地区的城市社会空间开展了研究。中国学者把社会区（域）定义为：“占据一定地域，具有大致相同生活标准，相同生活方式，以及相同社会地位的同质人口的汇集”，“在空间上表现为由数个社区构成的更大范围的城市均质地域”（许学强、周一星、宁越敏，1996）。目前，社会区域分析已成为城市社会空间研究的重要方法（Johnson R J，Gregory D，Smith D M，1994；薛德升、曹晓曙、曹丰林，2006）。

2.社区

社区是若干社会群体或社会组织聚集在某一个领域里所形成的一个生活上相互关联的大集体,是社会有机体最基本的内容,是宏观社会的缩影。社会学家给社区下出的定义有140多种。尽管社会学家对社区下的定义各不相同,但在构成社区的基本要素上认识还是基本一致的,普遍认为一个社区应该包括一定数量的人口、一定范围的地域、一定规模的设施、一定特征的文化、一定类型的组织。社区就是这样一个"聚居在一定地域范围内的人们所组成的社会生活共同体"。

在约翰斯顿的《人文地理学词典》(2004)中,对社区(community)的定义为:"通常是集中在固定地域内的个体之间相互作用所形成的社会网络。"还引用了其他学者的定义,比如贝尔和纽比(Bell and Newby,1961)追随施马莱恩巴赫(Schmalenbach,1961)将社区定义为高度活跃社会网络的感知群体,他们称之为"灵交群体(communion)"。社区成员包括"共同思想或共同表达习惯以及共同模式的群体,他们没有其他的约束,只有传统约束";一个人若属于某个社区,他可能会意识到社区所受到的威胁。所以社区不涉及感情的纽带,这是灵交群体的特点;社区可能刺激这种经历,提供其发展的可能环境,但是不一定所有的社区都是灵交群体。

在社会学和社会地理学中,社区的效益可以与芝加哥学派的论述联系起来,特别是它对城市化的社会和行为结果评价。滕尼斯(Tonnies)在其论著中阐述的"礼俗社会(gemeinschaft)",是一个紧密结合的空间单位,传统家庭和宗教构成了社会生活,其原始概念等同于作为社会网络特殊类型的社区,但是与作为地方社会体系或是限定范围内自然区位的社区是不一致的。到了80年代,由于地域性概念的引入,社区再次受到学者的关注,吉登斯(Giddens,

1984)认为地方与社区是一致的。

一般认为，社区是指在一定的地理区域范围内的社会成员以居住环境为主体,行使社会功能、创造社会规范物,与行政村同一等级的行政区域。在空间实体上由邻里区组成,是具有居民间相互联系的社会非正式组织(Small,1986),一般具有特定的、维持社区集体正常生活秩序的共同道德风尚及惩罚制度。城市中人与人、人与生活环境的交流日趋密切,由此造成社区凝聚力的逐渐减弱；有的社区有明显的社区中心，为社区居民提供文化、休闲、游憩活动场所,具有较强的凝聚力(米切尔,1987)。布隆亨斯(Brunhes)认为:人类社区的形成有三大要素:房屋、道路和水源。……人类社区的规模和稳定程度,同其食料来源以及其相关地区内生活必需品的生产与分配的生态学过程有密切的关系(帕克,2012)。此外,community 有时也被译为“社群”,指一个自视强有力的持续关联的群体,尤其是当该群体共居于一个地理区位之时。从这个意义上来说,社区是社群通过政府形式与某一特定区域联系在一起时产生的(马克·戈特迪纳,莱斯利·巴德,2013),实质上有社区中心的社区就是一个社群或社团所在地。

按照形成机制的不同，社区可以分为自然型和阶层型两类。自然型社区是相对阶层型社区而言的,即在社区内部居民的阶层组成异质性高，而社区间居民的阶层同质性高；与其相反,在阶层型社区中,社区内部居民所属的阶层异质性低、同质性高,而社区间居民的阶层同质性低、异质性高(徐晓军,2000、2007)。

本书对社区的定义从城市社会-生活空间质量观的角度出发,认为社区是具有一定数量人口的,生活设施、制度与组织完善的社会-生活空间共同体,其居民具有高度的认同感与归属感。

3.邻里区

1929 年“邻里单元”(Neighbourhood Unit)的概念由美国社会学家科拉伦斯·佩里(Clarence Perry)提出。该理论是一种居住区规划理论,它适应现代城市的机动交通快速发展,可以改变过去住宅区结构从属于道路划分为方格状的现象(杨德昭,2006)。构成一个完整的邻里区要从以下六个方面着手:规模由学校规模确定;边界由过境交通围合来确定;至少有一个公共空间作为邻里中心;公共设施一般布局在邻里中心,使所有居民对其有较高的接近水平;商业服务设施集中布置在交通枢纽地带;内部的道路系统与外界相对封闭,一般要做到人车分离。邻里中心(neighborhood center)是城市商业中心等级结构中最低级的中心,服务仅限于本地,提供最常用的商品。

4.社区体系

城市中的社区体系反映城市社会-生活空间质量的高低,许学强指出城市地理学研究的社会空间由邻里、社区和社会区组成(许学强,1989);王兴中等则认为在空间构成上分为三个层次,即社会区域、社区和邻里区,并且社区体系由等级体系和类型体系两个体系构成,其中等级体系对应不同的阶层,类型体系则表现为各阶层的亚文化行为场所(王兴中等,2004c)。判断城市社会-生活空间质量的高低,以城市社区体系的等级是否健全、类型是否完备为依据,若对某一阶层缺失满足其日常生活行为的场所(空间),那么城市中该阶层居民的生活质量就低,社区体系的空间结构就不完整,产生了对该阶层居民的空间剥夺。

二、研究的背景

基于对国内外人文地理学、城市地理学、社会地理学、城市(社区)规划学的研究进展和现状的总结和判识,认为在人文地理学社会-文化转向的趋势下，对城市社会空间的研究成为前沿方向；由于(后)现代社会阶段人们对城市生活质量的新(社会空间)人本需求，以及中国在现阶段转型时期的应用趋势背景下，形成了更加关注人本的“城市社会-生活空间质量观”；而社区空间体系形成机制下的空间结构原理，特别是对社区空间构成体系的类型体系和等级体系的可获性研究是上述各学科交叉的理论研究和应用焦点之一。

(一)社会-文化转向

对城市社会空间结构的研究成为人文地理学社会-文化转向以来学术研究的前沿方向。20 世纪 70 年代以来，“新自由主义”行为与“全球化”浪潮不断对城市社会结构产生冲击(Ley，1989；诺克斯等，2009)。进入 90 年代，人文社会学者对经济决定论下的“精英文化”产生质疑，在“后现代思潮”的影响下，更加关注社会空间问题，他们大量借用社会及其外延文化因素研究城市空间结构，即探讨在新人文主义理念下城市实体物质空间与社会文化空间融合的水平、体系与结构问题。使人文地理学形成了“社会与文化转向”学术研究的浪潮(王兴中、刘永刚，2007；王兴中，2004a)。

“社会与文化转向”的研究前沿体现在两个方面。一是对“后现代主义”行为文化的研究，并形成了城市社会-生活空间质量及从社区规划角度对其质量的调控与整治的研究方向，其理论核心是社区与场所体系的文化要素微区位理论(王兴中，2004b；王兴中，2009)。二是“后结构主义”对社会公平和空间公正问题的关注，城市的区域空间或地点空间重构折射出新人文主义的价值(道德)规范，其理论核心不但强调“经验世界”中的“物”的经验空间及其结构，还重视情感和价值等“非物”的经验空间及其结构(Tuan，2001；凯文·林奇，2001；王兴中等，2000)。

因此，后现代城市社会中，物质与社会空间相融合，是以个人尊严为方向，以主观性为主导，以社会性为要素，以政策为保障的城市空间"社会-文化转向"的重构，其对文化空间人地关系的解读是"地点（社会-文化）理论"创建的前沿方向（王兴中、刘永刚，2007）。

（二）城市发展要求

在全球化背景下，中国广大城市正经历着深刻的社会转型，伴随着改革开放的深入和市场经济体制的确立，中国城市化水平已经突破了50%，进入稳定发展的时期，由此带来城市定位从传统农业社会向现代工业化社会的转型、城市经济结构从以第二产业为主向以第三产业为主转型，以及城市社会从物质匮乏型社会向可持续发展型社会转型等三种表现形式。

这一系列的社会转型最终导致了城市社会结构的变化。首先是城乡二元化结构向一体化、多元化的方向发展，人口与经济结构的复杂性进一步促使社会职能由单位向全社会分散，产生了大量的城市居住社区（柴彦威，1996；杨宜音、张曙光，2008）。随着社会体制和社会结构的变迁，"单位办社会"的状况开始改变，大量的社会职能向社区转移，社区成为人们进行日常活动的空间载体和实现社会整合功能的基础单元（邓清，1995；黄玉捷，1997；谢玲丽，1998；程玉申，1998）。

第二个显著表现是阶层化现象的产生。城市社会地理学相关研究认为，城市在不同的发展阶段，其主导阶层不同，因此其主导下的社会结构也产生相应的阶层化差异（许学强，1989；顾朝林等，1997；顾朝林、C.克斯特洛德，1997；冯健，2001；易峥、阎小培、周春山，2003；吴启焰，2001；艾彬，2005；王兴中，2009）。所谓阶层化，是经济社会结构发生转变的空间表现，在空间上表现为不同的社会区位等级体系，城市社区体系由于居民收入水平的波动和阶层的更替而产生空间重构的动态演变现象(Ley,1996),其社会本质是具有不同利益效应的区位间的相互作用,具体表现为居住社区类型-等级结构化、休闲行为空间类型-等级序列化、购物场所体系-网络结构化的特征(王兴中,2009;诺克斯等,2009)。因此,研究城市社区体系的空间结构,可以促进社会和谐发展,在现实背景下有很强的应用价值。

(三)生活质量提升

随着城市进入后工业化社会阶段,人们对城市生活质量有了新的社会空间的人本需求,因此对城市生活空间质量的评价研究,也有了阶段性的差异。20世纪70—80年代,评价主要是对城市宏观空间整体的对比评价;随着“社会-文化转向”思潮的产生和推进,90年代对城市质量的评价侧重对社会-文化三个“关注面”的评价;进入21世纪,又深入到对城市社区体系的空间结构质量的评价。与评价内容相关联的评价理念,其关注点也发生了相应的转变,从“民生”方面的物质因素评价为主,转向从“民权”与“民生”方面以社会文化-价值因素评价为主。评价指标的构成从以经济-物质空间因素为主,到以社会空间-非物质因素为主(杨卫丽、王兴中、张杜鹃,2010;GB50180-93,1994)。由于对阶层生活亚文化行为方式的社会公平与文化公正的研究缺乏新人本理念的普适性,因此,目前城市生活空间质量的非物质要素评价层面仍是主要探讨范畴。

随着阶层化现象出现(Castells,1975;Ley,1996;李培林,2004;陆学艺,2010),评价城市生活空间质量,要从城市社区空间结构的等级体系和类型体系两个方面把握,要看各个阶层是否有满足其日常生活行为需求的场所。对社区体系的评价要对其结构评价(王兴中,2004c),从结构可获性的角度建立评价体系,评价城市的社区体系的空间结构是否完备,主要是判断社区居舍类型的剥夺程度,先判断其等级与类型体系,再判断其数量的多少,进而评价其质量的高低。如果一个地域社区体系的居舍类型剥夺严重,意味着该社会区域缺失社会的可进入性,即城市对某一社会阶层的生活空间缺失,生活质量就低下。

根据杨卫丽等人的研究,目前,城市社会-生活空间质量的基本研究方向主要表现在四个方面:①后工业化可持续理念下,城市空间结构原理及其演化阶段研究;②新人本主义理念下,城市社区生活空间体系结构及其构成要素研究;③社会公平与空间公正理念下,城市社区生活空间质量构成及其系统结构研究;④社会价值保障——空间尊严理念下,生活场所质量构成及其资源系统配置研究(杨卫丽、王兴中、张杜鹃,2010)。

(四)社区规划创新

纵观西方城市社区规划理念的发展(芒福德,2004;张京祥,2005;Hall,2009),可以归纳为三个阶段:社区功能-生态构成研究与规划阶段、社区人本-社会空间研究与规划阶段、社区人本-行为空间公正研究与规划阶段。他们重在对社区进行规划,但缺失对城市社区体系的空间结构进行规划。

人文地理学对城市社区体系规划研究的趋势体现在实证方法与人本认知手段共同发展的局面。实证方法主要依托技术手段,如遥感、地理信息系统等,随着高新技术的采用和发展,精确度越来越高,可以实现的功能越来越复杂,如今这些高科技手段已经可以实现资料的采集、分析、评价、趋势演绎等一系列过程,为城市社区体系空间结构的演变研究提供有力的技术支持。而人本认知手段的研究也为地理学者和规划者提供了一种借鉴的思路,对过于强调经济效益的开发模式进行了人本性的反思,以“新城市主义社区规划理念”为代表,追求社区居民的心理认知与社区空间行为和谐,构建具有高度可进入性的社区空间(杨引弟,2008;张中华,

2008;王立,2010)。其社区规划的操作方法以社区居民行为调查为基础,从社区归属感、空间价值尊严、社区凝聚力等认知方面的营造来重构社区的空间结构(Clavel,1986;DPZ,1992;沃特斯,2003;DPZ& Alminara,2003;雅各布斯,2008;格兰特,2010),是一种可持续发展的理想模式。

由此判断城市社区体系规划研究的两个前沿方向是:①城市生活空间(即社区空间)物质与社会环境质量评价;②居民空间行为感知原理下社区体系空间结构的规划理念——其基础是该社区体系在空间结构上的静态缺失或动态剥夺的水平,其目的在于寻找控制城市社区体系空间结构的规律。

三、研究的目的和意义

(一)目的

以社会空间分异,特别是阶层化现象对城市社区体系空间结构的影响为本书的特点,以城市社区空间构成体系的等级体系和类型体系为研究对象,以提升城市社会-生活空间质量为目的,探讨社区体系在空间结构上的健全与缺失状况,评价社区体系居舍类型的可获性水平,运用城市资源(供给)控制的手段来缓解(或解决)当前城市社区体系构建中出现的社会公正缺失问题,为城市社区的和谐发展提出策略。

(二)意义

(1)学术意义:首先,从多学科、多层面解构城市社会-生活空间质量观,从该理念出发,依据该学术观点从提升社区资源可获性、社会空间可进入性入手,研究社区体系空间结构可获性原理,并进一步为控制规划提供理念支持,打破了传统社区规划只注重单独社区的物质层面规划,忽视社区体系的结构和人本感受的问题。其次,在上述学术思想观点下,采用以人本主义为主的理念，运用人本主义相关研究方法揭示城市社会–生活空间质量与社区体系空间结构之间的关系，以期寻求城市社会生活空间的人本化组织模式。最后，借鉴国外理念和方法，结合对太原市的案例分析，对于系统构建社区体系空间结构可获性及其提升对策有积极作用。

（2）社会意义：社区（社会空间）和谐是社会和谐最基础的推动力，而实现社会和谐则是社会发展的最终目标。为了实现社会的和谐发展，必须兼顾各阶层的日常生活行为的空间需求，体现为通过构建完整的社区体系来提升社区居民社会–生活空间质量。由于居住是城市最基本的功能之一，因此，对城市各阶层居民的居舍类型可获性水平进行评价，是判识城市居住空间结构的主要手段。以可获性水平为依据，从社会区域、社区的尺度建构完整的居舍类型体系，将有效增强社区居民在心理和情感方面对所处社区的归属感、认同感，最终实现全体居民对社区生活满意度的提升。因此，基于提升全社会各阶层居民社会–生活空间质量的目的，以社区体系现状为基础，评价社区体系空间结构的可获性水平，并采用城市资源配置的方法对社区体系的空间结构进行调整，可以改变城市空间不公正模式，最大限度满足城市低下阶层的居住需求，并提升高收入阶层对居住环境的满意度水平，从而实现降低社会（空间）不平等性的目的。

（3）应用意义：本研究对城市社会区域演化的机制进行分析，以提升城市居民社会–生活空间质量为目标，对案例区的社区体系（居舍类型）可获性进行评价，在此基础上通过多种控制路径实现城市资源的公正配置，调整城市社区体系的空间结构，力图从自由——空间可进入性、平等——空间公正、价值——空间尊严、信仰——空间保护四个方面提高社会空间的人本性，进行实践检验，具有应用方面的借鉴意义。

四、研究的内容和方法

（一）研究的主要内容

（1）城市社会-生活空间质量观的研究。从时间脉络上分析城市社会-生活空间质量观理念的提出、内涵的演变、评价的方法与内容，及现阶段研究存在的问题等，阐述了城市社会-生活空间质量观下的社区体系研究理念，包括社区规划思想的演进、社区体系研究进展、城市社会空间结构的研究、社区体系空间的研究以及社区体系适居性的研究。由于国外的社会-文化进程领先于中国，其理论研究给我们提供了分析和解决问题的新思路，但在借鉴的时候要注意结合中国现阶段社会发展背景和国情。

（2）社区体系结构形成机制研究。在大量查阅国内外文献的基础上，从城市地理学、社会学、规划学等学科交叉角度，总结国内外对社区体系结构研究的理论、方法及主要观点。系统地总结了社会区域划分原理、方法与基本操作模式、社会区域演化与空间结构、社会阶层分化与邻里区互动规律、邻里区过滤与社区体系分异的互动规律。

（3）城市社区体系的空间结构可获性理论研究。首先对剥夺和可获性的概念进行辨析，阐述了国内外对社区体系空间结构剥夺与空间公正的研究进展，进而分析了社区体系空间结构剥夺的研究背景。其次，构建了一整套城市社区体系结构可获性评价的体系，提出了构建居舍类型可获性的思路、城市社区体系结构可获性评价的操作路径及具体的操作方法与步骤。

（4）城市社区体系的空间结构可获性实证研究。在太原市选取一个完整的行政单元——街道办事处。采用实地考察、行为调查、统计资料定量分析等方法，评价案例区社区体系可获性（居舍剥夺）水平，从可获性水平发现现实中存在的阶层化空间结构剥夺及社会不公正问题。最后基于城市资源（供给）控制的理念提出解决这些问题的对策，以期提升太原市城市社区体系可获性和城市居民的居住满意度水平。

(二)研究方法

本书采用人文地理学人本主义与实证主义相结合的方法,进行研究。

在文献收集与分析的基础上,通过内容分析法、文献统计法等方法,研究已有文献对本书所涉及领域的贡献和知识积累,对现有研究成果进行分析与整理;采用对比与关联研究,从不同级别的社区、不同类型的社区,以及社区物质空间与实体空间进行对比和关联,期望更客观全面地解读本研究的理论基础。

在研究社区体系空间结构形成机制的部分,从人本主义的“社会公正与保护”的角度来构建社会空间结构的理念。因此,对社区体系空间结构的研究,以人本主义方法为纲,在“第三条道路”理念指导下,用新现实主义手段、后结构主义手段与女权主义手段去综合探讨。具体解释如下:

应用新现实主义开展实地调查,解释社会关系下的空间现象(韩明谟,1997;诺克斯,2005;南爱琳,2007;顾朝林,2008);应用后结构主义解读区域的结构,对社区体系空间结构的理解与重构必须是一系列社会价值、标准与文化期望值的构建,重视对社会空间有准确性与独特性的研究（顾朝林等,2008);应用女性主义的方法论,探讨社区体系空间结构的空间公正的理念,对区域解构注重社会空间的多层与多元性性质,研究视角从关注主流社会空间结构转向由“女人、不发达区域与边缘区”构成的社会空间结构的关系上,(王兴中,2004a; 诺克斯,2009);社区体系空间结构调整路径的研究中,应用倡导社会公正的“第三条道路”的理念指导具体规划(Giddens,1997、1998;王兴中,2004d;刘晓霞,2008、2009)。

在探讨社区体系的空间结构可获性水平时，应用逻辑实证方法进行调查研究与结果分析，定性与定量相结合分析实地调研的结果：在案例区采取简单不重复抽样的方式发放调查问卷，与深度访谈相结合进行实地调研，获取案例地居住空间类型、资源配置种类及方式、居民基本社会属性及居住需求特征等方面的有效信息；运用数据模型分析方法，基于资源可获性、形态同质性的原则采用 CARI 指数方法构建农业转移人口居住空间类型的可获性评价体系，采用 SPSS 分析软件用于常规的经济和社会数据分析；利用 GIS 技术，反映案例区居住空间类型构成情况和可获性评价结果。

五、技术路线

本书的研究路径拟通过三部分的研究来达到预期的研究目的。

第一部分是资料搜集，分为两部分工作，一是国内外文献资料的搜集，二是案例区基本资料搜集和实地调研。目的是：一方面要阐述社区体系空间结构形成机制及可获性研究的背景，包括概念的界定、相关研究进展、研究前沿及存在的问题，通过这部分的研究达到明确本研究需要突破的方向的目的；另一方面由于本研究要对城市社区体系空间结构可获性理论进行实证研究，因此需了解案例区的基本情况，对案例区的社区体系进行空间序列划分，对案例区内居民构成进行分析，确定案例区居舍类型，并建立相应的评价指标体系，作为实证研究的基础。

第二部分是室内研究。一是基于文献分析，阐述城市社区体系结构形成机制和城市社区体系空间结构可获性理论研究；二是基于理论研究，对城市社区体系空间结构可获性评价方法进行实证应用研究，即构建指标体系，评价案例区社区体系（居舍类型）可获性水平。做到理论与实践相结合，用实践检验理论的可行性，并根据实践修正前述理论。

第三部分是对上述理论研究和实证研究结果的总结及讨论，通过与专家交换意见，作进一步研究的展望。

本研究采用的技术路线如图 1-1 所示。

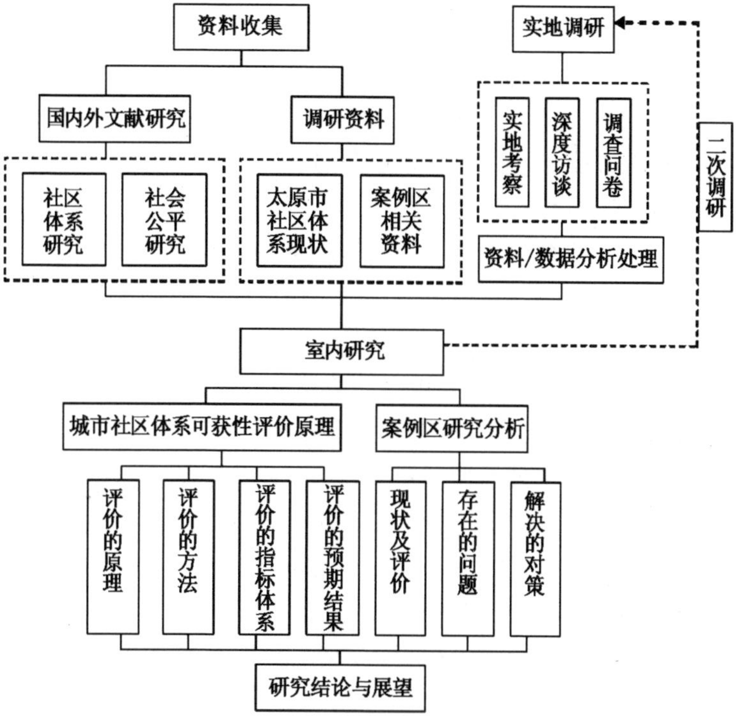

图 1-1　技术路线

第二章　基于城市社会-生活空间质量观的社区体系空间结构研究

一、城市社会-生活空间质量观的研究背景

随着工业化进程的推进，中国的很多大城市开始迈入后工业化社会，相应地对城市社会空间产生许多新的人本需求，提高城市社会-生活空间质量成为现阶段城市社会发展的主要目标。由于西方国家社会-文化进程领先于中国，其由物质生活空间质量到社会空间质量的研究转向，是在中国现阶段国情下对城市社区体系空间结构进一步研究的基础。研究国内外有关城市社会-生活空间质量的原理和评价方法，厘清城市社会-生活空间质量与城市社区体系空间结构的关系，以此为基础为社区规划提供理论基础与科学依据，有助于我们更恰当地解决现实中存在的社会不公平的空间剥夺问题。

(一)对城市生活质量的研究述评

早在 1958 年，加尔布雷斯就在《富裕社会》中首次提出了“生活质量”(quality of life)的概念(费舍，1987)，即：生活质量是人们对生活水平的全面评价。随着认识的不断深入，生活质量的内涵也不断扩充，不同社会人文学科对其的定义已多达 100 余种。究其根本，城市生活质量的实质是城市居民对各种城市生活行为资源的

获取过程(王兴中等,2000;Bryan H. Massam,2002)。城市生活行为资源包括职业与消费资源、住宅与环境资源、公共安全,以及社会-经济地位与社会组织关系等。不同阶层获取城市生活资源的水平有差异,主要由两方面的制约因素导致,即机会制约因素和能力制约因素。二者共同造成了城市居民对阶层化生活方式选择的差异和对城市生活资源获取机会的差异,继而导致了邻里区、社区之间城市生活质量的差异性(不平等性)特征(王兴中等,2000;Robert A. Cummins,2000)。

由于国家社会-文化进程阶段和学科研究角度的差异,国内外学者对生活质量的评价方法主要关注人们感知的生活质量, 即主观生活质量, 以居民对生活环境的满意度为衡量生活质量的出发点,体现了“第三条道理”(吉登斯,2000)的理念,关注对不同阶层的社会经济行为的研究(何秉孟、姜辉,2005;Jesper Falkheimer,2007;侯衍社,2009)。评价指标体系的建立主要遵循三种模式:以经济学家为基础的扩展(GDP)账户模式,以社会学家为基础的社会性指数模式和以心理学家为基础的心理模式(周长城、饶权,2001)。1966 年美国哈佛大学鲍尔(Bauer)教授的《社会指标》一书的出版,使美国率先开始接受“社会指标”和“社会报告”的模式(夏海勇,2002),对个人主观满意度评价,研究民众的幸福感,也使人们意识到生活质量是一个复杂的、多层面、多维度的概念。此后,其他国家也陆续有全国性的社会、经济发展情况报告问世。

经过近 30 年的发展, 对生活质量的评价方法更加多样化,有英国的多因素排序法(R.罗杰逊,1990),有美国海外开发委员会提出的“物质生活质量指数”(Physical Quality of Life Index),有联合国开发计划署提出的“人文发展指数”(Human Development Index)暨社会发展核心指标, 有世界卫生组织提出的关注身心健康的生活质量衡量标准,有关注生活空间条件的斯堪的纳维亚方法,和关注人们主观满意度的美国生活质量研究方法（潘祖光，1994；周长城等，2003；北京国际城市发展研究院数据中心，2005）；从认知角度对建筑、环境、心理和行为与生活质量关系的研究也有涉及（高桥鹰志，2007）。

按照评价要素的不同，国外对城市生活质量指标体系的研究可以分为三个阶段：持续发展阶段、群众高额消费阶段和追求生活质量的阶段，体现了由对物质、环境要素的评价转入对社会-文化要素的评价的趋势。各阶段对应的生活质量评价指标体系分别为经济福利测算指数、消费信心指数、可持续性经济福利指数和真实进步指数；物质生活质量指标、社会进步指数和人类发展指数；健康生活质量指标、幸福生活预期指数和主观性福利指数（杨卫丽、王兴中、张杜鹃，2010）。

国内对生活质量指标体系的研究始于20世纪80年代对生活发展指标的研究，明确提出“城市生活质量”的指标评价体系并对城市进行实证研究的有：北京国际城市发展研究院数据中心（2005）提出了影响中国城市生活质量的关键因素主要有12个方面（衣食住行生老病死安居乐业），基于此的城市生活质量评价体系则包括居民收入、消费结构、居住质量、交通状况、教育投入、社会保障、医疗卫生、生命健康、公共安全、人居环境、文化休闲和就业概率等12个子系统，并对中国100个城市进行了评价；马超英等（2002）建立测量大城市社会发展总体水平的评价指标体系，包括社会结构、人口素质、经济发展、生活质量、基础设施、社会稳定六个方面。对城市生活质量评价的指标体系和主客观指标各类型的研究较多，但与上述两个指标体系差别不大（郭茜，2004；黄程，2004；任娜，2005），还有学者研究各指标之间的可比性（风笑天，2007）。可见，研究的角度由从经济学角度关注客观的生存资源分配，转到从社会心理学角度关注对生活（要素）的满意度；继而转入从社会生态学角度关注生活质量满意度，从生活质量的物质构成、非物质构成和居民感知影响因素三方面共同构建的主客观综合指标。

综观国内外对城市生活质量的评价研究，国外研究已从物质方面转向社会文化和价值方面，而国内的研究仍聚焦于“民生”要素，尚缺乏“民权”与“民主”两方面的指标。已有的指标体系虽然在生活质量的内涵方面，已超越了“生活水平”的范畴，但在体现社会阶层化、亚文化生活、社会平等、文化公正等方面还有提升空间，缺乏从规划的角度提升居民生活质量。

（二）城市社会-生活空间质量观的研究背景及主要学术观点

1.城市社会－生活空间质量的研究背景

在 Elsevier Science Direct 全文数据库搜索内容包括“social life spatial quality”的文章，共有 94377 篇，按照刊登期刊的类型，从医疗卫生的角度探讨这问题的较多，地理规划类的为 3257 篇，仅占总数的 3.45%。关注的主题最多的为气候变化对人生活质量的影响，值得关注的是中国独特的城市化问题研究排名第三，说明学者对中国问题的关注和其本身的代表性比较典型。从发表的数目来看：1993—2000 年，每年的总数为 1500—2000 篇，主要从管理和医疗体系建立的角度探讨城市社会-生活空间质量的构成；2001—2004 年，每年的总数为 3500—4500 篇；2005—2008 年，每年比上一年增加 1000 篇左右，说明研究进入持续发展的阶段，学者对空间质量的关注持续增长；2009—2010 年，稳定在 9000 篇；2011 年猛增到 12393 篇，关注的内容包括城市的案例研究和社区健康及安全空间的规划和保护。

在 CNKI 中国知识资源总库以“城市社会-生活空间质量”为题目的文献仅有两篇，内容中涵盖此概念的文献仅有 34 篇，最早的一篇出现在 2003 年，比西方的研究晚了 10 年，且数量上大大落后于国外。

中国的城市化进程自改革开放后保持高位运行，经济高速增长的同时，社会问题呈现爆发趋势，城市的兴起带来环境、交通、住宅、社会等多方面的城市问题，这些问题都是城市社会空间可进入性差，城市资源配置不公平的现实反映。空间不公正不仅表现为城市的形态混乱无章，而且不同阶层生活方式产生的亚文化行为没有对应场所，导致人文环境不和谐，更易使城市和社会产生不稳定因素。城市社会-生活空间质量观以新人本主义的理念为出发点，关注人的社会公平、空间公正、价值尊严，从一个全新的角度解决上述城市发展过程中的各种问题，即通过规划完整的社区体系空间结构、将日常生活所需的城市资源以对应的结构配置，使得各阶层的居民都有可进入的活动空间、可居住的居舍类型、可享受的城市资源，从而实现提高城市社会-生活空间质量的目的，满足不同亚文化群体的生活方式需求，对社会的和谐、稳定起着重要的作用。

2.城市社会－生活空间质量评价指标体系的国内外研究背景

国外对城市社会-生活空间质量指标体系的研究主要涉及三个学科：社会学、生态学和人文地理学。对城市社会-生活空间质量的评价研究方向产生了两个转变：从区域尺度的经济性评价转向空间生态评价，从物质条件评价转向人本需求评价（杨卫丽、王兴中、张杜娟，2010）。

社会学对城市社会-生活空间质量的研究侧重于社会环境亚文化特征的整体评价，因此评价指标从居民特征、社会环境要素等方面选取（Smith T.、Nelischer M.、Perkins N.，1997；王兴中等，2000）。

环境生态学和社会生态学对城市社会-生活空间质量的研究均偏重生态的空间差异性研究，不同的是前者更注重城市的物质环境评价，其评价指标设置包括城市发展速度、城市空间规模、人口社会特征与心理之间的关联性等方面的因素；而后者认为邻里区及社区空间反映了文化生态的空间差异性，社区分异的主导因素是空间文化因素或地域文化因素，评价指标从社区分异角度设置(Myers D，1987、1988；潘祖光，1994；王兴中，2002)。

自社会-文化空间转向以来，人文地理学以空间演化原理为基础，结合社会学和生态学的基本理念，应用于城市社区体系空间结构及其演化规律的研究领域，开拓了城市社区体系规划的研究方向，并产生了城市社区体系空间研究的社会生活(空间)、区域重构和社区生态三个流派(潘秋玲，1997；周长城等，2003)。

进入21世纪，以西方国家研究为基础，中国地理学者的研究领域更为扩展，开始关注城市与区域发展中的新的城市地域空间组织形式，注重探索城市生活空间及社区发展问题。相应的，对城市社会-生活空间质量的评价指标体系研究已由关注物质因素转向关注社会因素的评价。王兴中教授在1996年最早对城市生活空间质量进行研究(潘秋玲、王兴中，1997)，并在总结国外研究的基础上提出评价城市生活空间质量的指标体系（孙峰华、王兴中，2002)。

近年来，在人本主义理念下提出了城市社区的社会-生活空间微区位原理(王兴中，2004d，2009)，该理论是指导城市社区生活质量空间规划的核心理念。它依据城市社会-生活空间质量观，运用城市社区型营业性场所布局的基本原理，结合西方国家在新城市主义思潮下社区营业性场所规划的实践，总结出城市社区营业性场所的三种布局模式。在此基础上王兴中教授以西安典型社区为例，研究西安市城市社区型营业性场所的类型及空间布局模式(王兴中等，2002)。王立则以城市社会地理学中的城市社会-生活空间质量观理论体系为依据，对城市生活空间质量的评价方法进行了实证研究。从居民生活空间行为角度阐述了城中村发展演进的机制,认为城中村问题是人本主义的城市社会空间问题,涉及“社会公平、空间公正与文化平等”,该认识从城市社会空间结构角度为城中村的发展与管理提供科学、人本的理论依据和现实指导(王立,2009)。刘晓霞等探讨了基于生活(空间)质量观的社区资源配置要求,提出了相应的社区规划原则及规划技术流程(刘晓霞,2009)。

(三)研究前沿

城市社会地理学对城市社会-生活空间质量的研究前沿体现在建立完整的城市日常生活社区-场所体系,使城市中的各个阶层都有对应的可进入的生活空间,这样人们各类生活空间的质量才可以体现出来。

城市社会学与城市文化生态学研究城市社会-生活空间质量的前沿方向分别体现在探讨城市社会-生活空间结构的空间特征与生态基础方面,特别是注重通过规划重构城市生活空间的地域结构,以提高城市社会空间的可进入性,即提升城市社区体系的生活质量。

新人本主义下的区域研究,由于人文地理学与城市规划学的融合,产生了以微观空间研究为导向的城市社会-生活空间质量的研究前沿方向,通过对空间的行为认知研究,形成了城市社会-生活空间质量研究与规划和理念体系(杨卫丽、王兴中、张杜鹃,2010)。

二、城市社区体系的研究背景

(一)城市社区规划思想的演进

纵观西方近现代城市规划思想的演进过程,可以判断城市社区规划理念的发展经历了三个阶段:社区功能-生态构成研究与规划阶段、社区人本-社会空间研究与规划阶段和社区人本-行为空间公正研究与规划阶段(表 2-1)。

表 2-1　城市社区规划研究阶段划分

阶段	年代	代表理念	产生背景及主张
社区功能-生态构成研究与规划阶段	19 世纪末—20 世纪中期	①19 世纪末：田园城市理论 ②20 世纪 30 年代：邻里单元理论;《雅典宪章》 ③20 世纪 50 年代：苏联的“小区”规划理论	持续了近半个世纪的工业革命,不仅使社会经济领域发生了巨大变化,更带动城市空间结构的变动,各种城市问题不断涌现,人们开始关注城市居住环境
社区人本-社会空间研究与规划阶段	20 世纪中期—20 世纪 90 年代	①20 世纪 70 年代：《马丘比丘宪章》 ②20 世纪 80 年代：可持续发展理念;《我们共同的未来》	20 世纪 60 年代，规划界公认社区规划是解决城市问题的主要途径,关注社区环境与居民之间的互动,“以人为本”的理念开始主导城市建设
社区人本-行为空间公正研究与规划阶段	20 世纪 90 年代以来	①21 世纪议程 ②“第三条道路”思潮下的空间公正的基本理念 ③新城市主义理念	自 20 世纪 80 年代开始,西方城市结构由于市场力量和科技革命的双重影响,一方面造成城市内部的空间结构由单核模式向多核模式转变,另一方面由于城市空间扩张,城市空间体系进一步网络化,形成特大规模的城市群。此时,西方社区规划理论和实践方面,出现了基于社区生活行为规律的规划。进入 90 年代,人本主义方法论成为社区空间结构规划的基础,初步形成基于阶层化行为的社区规划理论体系(王兴中,2011)

在当今的社会–文化进程阶段，基于对城市生态危机与社会危机的洞察，可持续城市主义成为一种新兴的社区规划模式。可持续发展的理念实现了环境、社会与经济之间的平衡，通过高效能的建筑和公共设施完善来实现城市化的可持续发展，使人们自愿选择更人性化以及更少资源利用的生活方式（Douglas Farr，2008）。可持续城市就是提供一个重新建构环境的机会，这个新环境是要支撑城市居民获得更高品质并且平等性的生活空间质量，其焦点是城市生活质量构成与城市社会生活质量空间耦合的建构上。可持续城市理念下的新城市主义，以现代需求改造城市空间的中心性，创造地方社会化空间，使之衍生出符合当代人日常生活需求的场所新功能。新城市主义成功地把城市空间建构的社会环境协调性、空间多样性、社会社区感和行为人本性尺度等传统价值标准与当今人们期盼的现实生活环境有机地结合起来（张京祥，2005），以实现“平等、良好、健康和有效”四个关键社会价值为出发点（吉尔·格兰特，2010），实现了现代人对于“好社区”的理想。

从城市主义到郊区化，再到新城市主义，反映了人们追求理想居住环境的理性思想回归。社会公平与空间公正是城市空间可持续规划追求的普世的社会人本价值与永恒的空间价值。新城市主义的社区规划围绕空间公正和维护价值尊严的目标，通过空间结构的组合和公共资源的配置，把城市空间与社会环境、自然环境、心理环境等融合，使得传统的社会价值标准扩展到人本性、空间多样性、社区平等感和社会环境协调性四个层面。空间公正可以反映社会的平等水平，是现代城市可持续发展的核心目标。新城市主义社区规划的空间价值观主要体现在公共空间的进入性、生活空间的宜居性和环境的平等性的营造。因此，以规划的手段增强空间可进入性和通达的便利性、提供各种居舍类型使社区空间结构有完整的体系以及公正地配置社区资源，有助于提升社区居民的生活空间质量，是实现可持续城市理念的社区模式。

(二)城市社区体系的研究进展

社区作为一个外来语，在中国被接受和认识经历了一段相对长的时间，对社区体系的研究则更晚，发表的成果也更少。现有资料表明，研究成果20世纪90年代以后才陆续出现。刘君德、张玉枝的《上海浦东新区行政区——社区体系及其发展研究》(上)、《上海浦东新区行政区——社区体系及其发展研究》(下)(刘君德、张玉枝，1995a、1995b)，是已知最早关注社区体系的学术文章。文章指出，在中国现行的政治经济体制下，行政区尤其是基层行政区是影响和完善现代意义的社区的关键因素。作者对社区体系进行了宏观思考，对浦东新区进行了案例研究，在分析其社区体系现状的基础上，从提供公共服务和管理的角度，运用行政区-社区体系的理论，提出了区域开发思路。《社区体系与乡村发展——对近代江南乡村发展缓滞的一种解析》则着眼于乡村社区的具体实际，从社区内部体系的视角剖视近代江南乡村发展缓滞的历史症结，认为根本原因在于半殖民地半封建的社会结构(小田、睦桂庆，1998)。

近两年来，社区体系开始进入地理学者的视野，王兴中教授和他的研究生们在这方面做出了有益的尝试。王立、王兴中以新人本主义城市空间发展观及价值取向分析为基础，提出冲破现代主义城市功能分区藩篱，关注社会公平下、空间公正为方向的城市社会生活空间质量观。并指出其理念核心为人本生活场所体系及城市社区体系公正结构的建构与重构，提出了城市社区体系规划的四个方向：即反映城市社会-生活空间质量的空间共享规划、反映城市社区体系空间分异结构的城市区域响应规划、反映居民阶层化构成的城市公正规划，以及反映社区生态景观的区位文化尊严规划(王立、王兴中，2011；王兴中等，2012)；楚静从城市社区体系的基本概念出发，结合有关可获性的研究成果，尝试性地提出了城市社区可获性原理，并对西安市南郊社会区域进行了案例分析，评价了该社会区域社区体系可获性水平（楚静，2011）；翟洲燕、方洪杰基于社会公正的思想，分别对社区体系下社区资源的可获性水平和公正配置的手段进行了研究，探索性地总结出社区资源可获性的评价原理、原则和方法，创建了评价的指标体系，并对西安市四个不同类型的阶层化社区进行了实证研究（翟洲燕，2011；方洪杰，2011）；与此同时，社会学研究者主要以医疗卫生与居民健康为切入点，探讨社区医疗体系的构建（邓玲，2010；陈晔等，2011）。

综上所述，在中国对于社区体系的研究还刚刚起步。2011 年 12 月 20 日《国务院办公厅关于印发社区服务体系建设规划（2011—2015 年）的通知》指出：在“十二五”时期，社区服务体系建设面临难得机遇和重大挑战，加强社区服务体系建设已势在必行（中华人民共和国国务院公报，2012）。可见，社区体系的研究既是一个学术研究的前沿性问题，又符合国家政策的导向。

（三）城市社区体系的研究前沿

人文地理学以居住分离与城市社区体系空间结构演变的互动关系为内容，对城市社区体系进行理论探讨，但对认知上的空间结构可获性研究不足。对社区体系的规划研究只是从单独社区的物质层面研究，缺失从社区空间体系的角度对结构的控制。目前，基于社会公平理念的社区体系空间公正研究、社区的社会-生活空间质量构成及其结构研究、城市资源空间体系的公正配置研究还没有系统的讨论，可以作为今后研究的方向。

目前的人文地理学对城市社区体系研究的趋势体现在两方面：一是遥感技术、地理信息系统等技术手段的广泛应用，使资料采集更便捷、精准度更高，有助于城市社区体系现状评价与规划的一体化研究，此为实证研究方向；一是用行为调查手段研究社区居民的行为和空间认知水平，批判性地审视经济效益主导的城市空间开发模式，追求构建（距离和区位机会）高度可进入的社区体系空间，此为人本研究方向（杨卫丽、王兴中、张杜鹃，2010）。

三、城市社会-生活空间质量观下的社区体系规划理念

目前中国的很多大城市开始进入与西方国家20世纪70年代类似的社会-文化进程阶段，人们对环境的体验从最基本的生理需求向社会文化-尊严价值需求方面深化，地理学者基于社会公正理念开始对城市社会空间结构进行重新审视（王立、王兴中，2011a）。在此背景下，城市社会-生活空间质量观指导下的新人本主义城市空间研究，成为突破现代主义城市功能分区理念的一个新观点，其核心在于建构人本生活场所体系及城市社区体系公正结构。这种社区规划的理念成为构建城市社会生活空间的理论依据，构建完整的城市空间的类型-等级体系可以解决城市阶层化生活空间的区位冲突等社会公平问题。

（一）城市社会空间结构研究

城市是一个由物质空间和社会空间构成的空间实体，因此城市的规划也应由物质空间规划和社会空间规划两部分构成（虞蔚，1986）。一直以来中国的城市规划忽视城市社会空间结构的研究，到20世纪90年代后期，学者开始关注社会空间结构，研究对象主要是不同阶层占据的城市空间，涉及阶层的社会、经济、哲学等属性，体现了人本需求。国外学者认为，社会-距离梯度（social distance gradients）是产生社会空间结构分异（居住分离）的主因（王兴中，1995a），不同阶层的社会经济结构发生转变，在空间上表现为城市社会空间不断重构。国内学者认为城市职能转变、人口迁移、制

度改革和单位制与商品化社区并存使社会空间结构产生分异（柴彦威，1996；顾朝林、C.克斯特洛德，1997；吴启焰，1999）。因此以阶层的社会经济属性为依据构建社区体系和场所体系，优点主要体现在可以为各种阶层化社会生活提供空间，满足不同阶层的亚文化行为，从而实现所有阶层生活质量的提升。

城市居民在社会-经济-文化方面的阶层化差异，直接导致不同亚文化行为方式的差异，产生了居住分离与场所分化。在空间上表现为形成不同类型-等级的社区体系及场所体系（王兴中，2004c）。要从结构上评价这两个体系的城市社会-生活空间质量，应把城市当作块状结构评价"网区"，即邻里区结构，以社区体系为基础评价场所体系。从社区体系和场所体系的资源可获性角度建立指标体系，评价各种社区资源的有无及数量，并最终得以评价居民的生活空间质量水平。

城市社会空间分异在社区尺度的研究主要是经济、社会、文化价值观引起的邻里区和社区的空间分异，在动态研究中，表现为"公正价值介入"保护原则，避免空间极化现象；在静态研究中，表现为"机会价值介入"空间原则，保护城市社会空间的安全、健康和收入三个关注面构成的空间（图 2-1）（王兴中，2011）。

（二）社区体系空间研究

地理学研究社区的主体内容是社区的空间结构及人地关系的变化对社区发展和社区建设的影响（陈忠祥，2000）。20 世纪后半叶以来关注空间问题的社会研究及基于空间研究的社会理论，都从空间性在地方感形成和社区意识建构的角度指出了社区行动与空间的密切关联。社区作为一定地域范围内人们的社会生活共同体，是城市空间功能一致性的空间最小单元，因此在对社区空间问题的研究中，越来越多的学者开始关注社区空间营造、演化和再造研究问题。

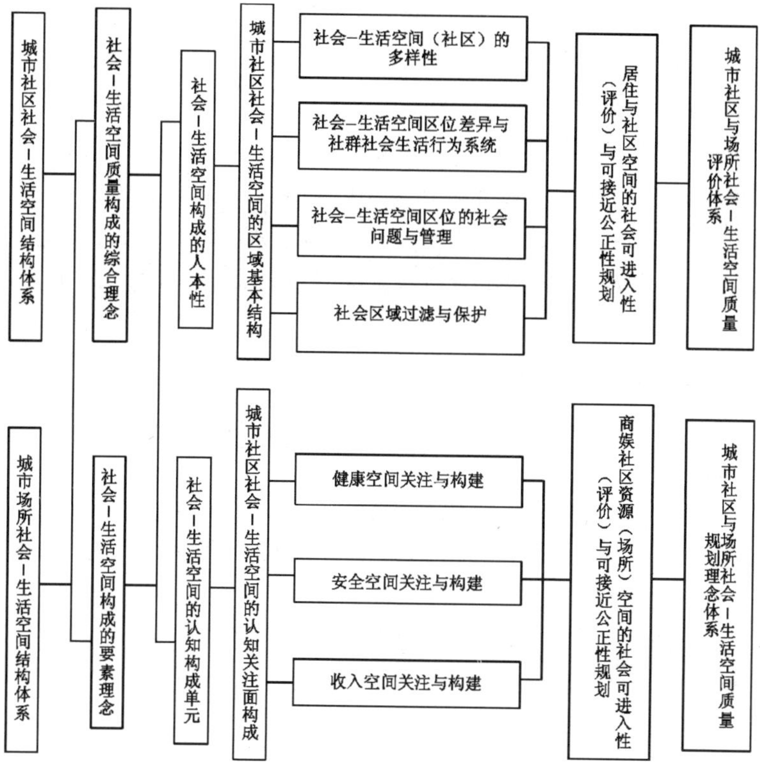

图 2-1　城市社会-生活空间结构研究的内容与规划理念

中国城市居住社区空间建设处于复杂的背景环境中，且由于长期以来人们对居住空间片面、狭隘的理解，形成的实践模式也难以应用。在此情况下，社区空间营造应以土地使用为基础，以居住与休憩为核心，以自然生态与历史人文环境保护为前提，以建筑形态及其组合的引导与管理为内容，以环境设施与建筑小品为对象进行各方面规划（侯宇红、张学文，2007）；社区规划应综合考虑物质空间、社会发展及行政管理等各方面的因素，将地域空间构成与社区职能组织梳理融合（童明等，2005）。

伴随着中国社会经济体制的转变和城市化的快速发展，城市居住空间分异日趋明显，旧的社区体系空间发生嬗变，新的社区体系空间不断出现。20世纪90年代以来的城市化进程，一方面政府主导的强制性变迁带来了“过渡型社区”的生成，使得社区形态的演进呈现中国特色，失地农民与大量外来人口在社区中的共生引发了生产方式、生活方式、行为习惯和价值观念的碰撞、冲突与交融，也给“过渡型社区”的治理与未来转型带来了巨大挑战(张晨，2011)；另一方面，在城市空间中占主导的单位制社区在转型期呈现从以生产功能为核心的、封闭的、自给自足的传统单位制社区，向多功能综合的、开放的、富有生机的新城市社区转变的特征(叶凌晨，2006；张纯、柴彦威，2009)。

在转型过程中存在社区体系空间整体协调性差、社区规划建设中的人文主义倾向不足等问题，因此采取政府主导、开发商运作和公众参与相结合的方式，制定并完善社区发展法规，编制科学合理的社区规划，强调人本思想与生态思想的结合，重视社区文化的继承与创新就显得尤为重要(谢守红、蹇登俊，2009)；还要以社会空间、时间-空间和日常生活的综合视角，从城市和社区空间层面以及社区精神和社会整合层面探索城市社区空间形态模式和空间调控策略(于文波，2005；周晓辉，2005)；注意平衡政府、市场和社会三极力量，通过培育社区组织对社区体系空间进行再造（陈伟东、舒晓虎，2010)。

(三)社区体系适居性与舒适性研究

社区感(sense of community)是对社区的认同，包括地域感(locality)、标志感(identity)、安全感(safety)、连接感(relatedness)等(杨德昭，2006)。传统的现代社区规划模式、行列式的住宅布局方式很难使居住在其中的居民产生安定的感受，其单调的空间和景观破坏了城市的多样性，现实中普遍存在的服务设施不足和配置失衡,更使得社区感缺失。建设有高度认同感的社区,就要求建立独特的社区物质-社会文化环境,对高质量社区生活的要求也促使社区的适居性(livability)概念的提出。

社区体系的适居性关乎生活质量,涉及社区居住环境及社区居民的心理感受,包括六方面内容:①可方便到达的、以步行为主的具有吸引力的公共领域(社区公园和开敞空间);②适宜的、聚集的和位置优越的住宅;③机动车交通量小、速度低、交通通畅;④住宅周围有方便的商店和服务设施及学校;⑤清洁的环境、丰富的景观;⑥具有当地历史文化-生态特色的社区,安全感强,社区间居民交往密切(杨德昭,2006)。

从社区规划的角度实现适居性主要从以下九点着手:土地利用管理策略,改善非机动车交通,重新掌握街道,交流平息,清除小汽车规划,停车管理,改善公共交通,公共交通为导向的开发,增强社区凝聚力设计(Douglas Farr,2008)。

对城市生活空间质量进行评价,必须把握社区生活环境的适居性和生态环境的舒适性。城市的舒适性是满足居民生活方式在空间适居性的程度,表示适居性的水平。将社区体系的适居性与舒适性结合,成为评价社会-生活空间质量的综合性指标(王兴中,2004c)。适居性和舒适性都包含供给与需求两个层次,只有保证客观的供给,才能满足主观的需求,使人体验到高的生活质量。实现供给(客观)有三个环节:资源供给机会(权力)、获取过程以及最终是否获取到资源;实现需求(主观)有三个环节:生活方式与价值变化的期望、物质空间结构(以区位为主)以及社会文化的生态空间结构。把握供给和需求的实现环节,才可以真正实现适居性和舒适性的共同满足,提高城市社会-生活空间质量。

第三章 城市社会区域的划分原理与方法

一、社会区域的形成

(一)社区与社会区域

1. 社区的研究

“社区”(community)一词首见于斐迪南德·腾尼斯(Tönnies Ferdinand)于1887年出版的《社区与社会》(德文名为Gemeinschaft and Gesellschaft,英译为Community and Society)一书中,区分了社区与社会,认为“Gemeinschaft”描绘了这样一种社会秩序:互动式强烈的、个人之见的和基于初级社会关系的,坚固的社会团结就是佐证。在他看来社区是通过血缘、邻里和朋友关系建立起的有机的人群组合,它的基础是“本质意志”;社会是靠人的理性权衡即“选择意志”建立起的人群组合,是通过权力、法律、制度的观念组织起来的,社会是一种机械的合成体。从中世纪向现代的整个文化发展就是从“社区”向“社会”的进化(Wood,1998;诺南·帕迪森,2009)。通过在城市中的对比,“Gesellschaft”状态居主导地位,它具有短暂的社会关系的特征,个人已经变得越来越相互依赖(由于劳动分工),但是(相互)活动是建立在其估算出的交换价值的基础上的,并由于资本主义的影响而加深(诺南·帕迪森,2009)。滕尼斯关于社区与社会的理论对美国社会学界影响深远,代表学者为芝加哥大学的R.E.帕克,他认为社区是“占据在一块被或多或少明确地限定了的地域上的人群汇集”“一个社区不仅仅是人的汇集，也是组织制度的汇集”（帕克等，1987）。

20 世纪 30 年代初，中国社会学家费孝通首次将“community”译为“社区”。费孝通认为，社区是“若干社会群体或社会组织聚集在一地域里，形成一个在生活上互相关联的大集体”（费孝通，1998）。

1981 年，美国匹兹堡大学社会学教授杨庆堃统计的“社区”的含义已达 140 多种（陈柳钦，2009），早已超出了腾尼斯关于“礼俗社会”的阐述。凡是人文科学，都会将社区列为研究对象，不同学科研究视角的不同导致社区的定义也千差万别：约翰斯顿在《人文地理学词典》中将“社区”解释为：“集中在固定地域内的个体之间相互作用形成的社会网络”（约翰斯顿，2004）；有的学者认为社区是人类生活共同体（蔡禾，2005）；有的学者认为社区是由于居住和工作产生互动的人群，他们分享有限地域空间内，形成一个完整的空间系统（刘君德、靳润成、张俊芳，2004）；还有的学者认为社区以明显的空间边界划定，比如居委会辖区，以地缘关系或居住关系为纽带的社会生活共同体。在社区中，邻里关系是所有社区成员共有的特征和最基本的社区社会关系（蔡禾、贺霞旭，2004）。

尽管地域和位置仍是当代城市内社区的主要基础，但把社区的意义限制在地域基础上就是否认社区所能呈现出的多样性。建立在利益基础上的群体反映了城市人口的社会多样性，老年人、残疾人、同性恋和无家可归的人，这些群体代表城市社区一个不同的模式，在许多情况下是在城市的特定地区发挥作用的。

另外，随着互联网的广泛普及，社区也出现了没有空间实体的“虚拟社区”，即通过计算机网络彼此联系的人们，他们具有某种程度的认识、分享某种程度的知识和信息，在很大程度上如同朋友对待彼此，从而形成的团体。虚拟社区与现实社区一样，也包含了一定的场所、一定的人群、相应的组织、社区成员参与和一些相同的兴趣、文化等特质,但本书的研究不涉及此类社区。

2.社会区域的研究

以米切尔为代表的城市社会生态学者认为，社会区域是一种城市社会集合体,其内部的社会经济特征、居民职业背景有较大的相似性,是一种同质性区域,且居民彼此之间有相互关联的经济活动(米切尔,1987)。现在,城市社会区域也泛指某城市社会地域组织或城市社会地域体系。对社会区域的划分趋向于按政府人口普查所揭示的地域类型特征进行归并，划分出的社会区域要有确切的地域,可以反映出居民的感知规律。它的最小单位是具有行政意义的普查区(王兴中等,2000)。

从宏观形态来看，城市社会区域是以居民居住空间聚集分布为主的,以家庭为基本单位的能被居民感应的生活空间,即居民对城市场所感知的存在主义空间(existential of space)的类型(王兴中、王非,2001)。城市发展的不同阶段,其社会成员(居民)之间存在社会-经济-文化的阶层化分异梯度,表现在其亚文化行为、社会活动组织及社会关系的差异上。社会区域之所以形成,最本质的原因是居住分离。

(二)居住分离与社会区域形成

1.居住分离的原理

城市土地利用模式有其自身的规律可循，即某一居舍类型应距其消费者距离最短,并具有极大可进入性。人们在择居时主要关注地点和环境两大要素,已有的研究表明,地点对穷人影响更为重要,因为其要尽量减少通勤的花销;而环境对富人的影响更为重要,因为其更注重生活质量和私密空间的享受。因此,地价就与人口分布产生了一种规律，特别是在一些西方工业化程度高的国家表现明显,即人口密度大、住房老旧的内城一般为低收入阶层居住，而越到郊区，高收入阶层的住房越多，他们有能力支付舒适的环境，并且有私家车来实现工作地与居住地之间的通勤，从而过上低密度的生活（王兴中，1995）。中国也逐渐呈现出上述趋势。

社会距离梯度(social distance gradients)(Berry，1973)的产生与变化是产生居住分离的社会主因。随着社会发展，城市地价之所以发生变化，是由于社会因素对城市社会空间结构的影响越来越大，以城市轴线为中心随距离增加而逐渐降低的梯度地价，逐渐转变为向不同阶层化社会区域倾斜的地价规律（王兴中，1995b）。在后工业化的城市中，居住分离表现为两个空间过程，即郊区的振兴和内城的复苏。这两个空间过程是由于诸多社会因素的分化与分离而产生的地域分离现象。产生此现象的动力机制在于政府管理下的土地利用分化机制、居民社会-经济-文化特征分离机制、生活行为方式分化机制等三方面。

2.居住分离与社会区域的形成

社会区域的形成是居住分离的空间表现及空间演化过程，此过程产生了城市社会空间的阶层化结构。表现为由于城市居民的社会—经济—文化属性的不同，特别是收入的差异，形成了一系列生态过程，包括聚集、中心化、分离、侵入和繁衍的社会区域（McKenzie，1978）。芝加哥学派的学者认为，社会区域的空间特征是其居民有较统一的职业构成，由一套完整的社会组织来维持居民的社会生活（Peach，1975）。对分离程度的评价方法有两种，一种是分离的差异指数（indices of dissimilarity），其结果反映不同阶层居民空间分布差异，一种是分离指数（indices of segregation），其结果反映某一阶层居民与全体居民的空间分离程度（Peach，1975）。

社会区域形成的主导因素，从居民的社会经济地位特征转变为不同生命阶段和生活方式差异性特征。不同生命阶段的人群，其生活行为特征不一样，具有相似文化-消费行为的阶层往往易于聚集在一起，形成社会区域的亚文化社会类型(结构)。但是由于居住是日常生活最基本的活动，因此在以家庭为单位的择居行为中，主要考虑儿童的教育或老人的活动空间取向，那些有公共开敞环境、低犯罪率的区域更容易吸引这类家庭，于是出现了家庭规模与距城市中心距离正相关的居住分离规律，产生了内城高密度的社会区域，组成“马赛克”式镶嵌图结构(王兴中，1995b)。

二、城市社会区域(体系)划分的方法论

(一)人本主义方法论

人们的生活方式，是在经济条件的支配下，在特定的社群内自由选择，城市生活是不受社群制约的社区式空间生活。最初城市社会区域有关理论认为，随着工业发展使居住环境变化，富有阶层更能改善自己的居住环境。但是居住问题是城市最主要的社会问题，会伴随着城市发展的各个阶段。对城市社会区域进行划分，有助于政府和规划学者了解城市居住环境的变化情况和阶层化的居住分离现状。

城市可以提供高度自由选择的各种生活方式，在空间形态上体现为各种阶层化行为场所和社区体系，因此人们愿意选择在城市生活。不同时期人们对社会区域的认识不同，但对社会区域划分的指导思想都是以人本主义方法论为指导的（王兴中、王非，2001）。人本主义方法论认为，对社会区域的演化规律的认识和划分，始终是人们对城市社会-生活空间质量关注的结果。国外对城市社会区域的划分原理研究与实践可以说明，对城市社会区域的划分，主要要划分社会空间因素，使划分结果更加符合居民的感知规律。

(二)不同时期城市社会区域划分的人本主义思想内涵[①]

1.空想主义时期(19 世纪)

此阶段城市社会区域划分思想的原则是依据人与人之间的经济阶层关系,以形态特征为标准进行居住隔离形式的辨识,具体的社区规划原则表现为两方面:一是建立在公有制基础上的阶层平等思想,代表理念为“独立社区”;二是物质平均分配的思想,代表理念为“分散主义”下的城镇模式。相应的规划方法以“田园城市”(garden city)和“新协和村”(village of new harmony)为代表。

2.重技派时期(20 世纪初)

此阶段城市社会区域划分思想的原则是城市多重区域原则,它以人的地位、阶层居住多样发展为基础,对居住空间的辨识以形态和文化特征相似性为标准,采用多种技术手段,具体的社区规划原则表现为集中主义模式、“现代城市”理论、单体高层建筑社区。相应的规划方法以柯布西埃的“明日城市”(city of tomorrow)为代表。

3.有机主义时期(20 世纪 20—30 年代)

此阶段受现代功能主义城市规划理念主导,城市社会区域划分思想的原则是居民行为与建筑空间有机结合,对居住空间的辨识以不同社群的交往关系、凝聚力以及形态空间结构为标准。具体的社区规划原则表现主要是有机分散理论,以建筑空间承载社区交往,形成适于生活的邻里空间。相应的规划方法以佩里的“邻里单元规划”模式、街坊规划和人车分流模式为代表。

4.社会生态主义时期(20 世纪 30—40 年代)

此阶段亦为现代功能主义城市规划理念主导阶段,城市社会

①根据以下资料整理:张京祥.国外城市居住社区的理论与实践评述[J].国外城市规划,1998,(2):43-46;王兴中等.中国城市社会空间结构研究[M].北京:科学出版社,2000:114-115.

区域划分思想的原则是生态原则，对居住空间的辨识以生态区域识别方法为主,包括生态区界限的判断、生态多变量分析等。具体的社区规划原则体现在通过创立城市土地利用模型，揭示社区体系空间分异规律。相应的规划方法以城市土地利用(功能区)规划和城市社区管理(分区)规划为代表。

5.社会工程时期(20 世纪 50—70 年代)

此阶段受现代城市规划理念主导，城市社会区域划分思想的原则是引入感应-行为学原理,通过揭示社区居民的心理认知规律来划分城市社会区域，对居住空间的辨识以居民的感知特征为标准。具体的社区规划原则体现在社区自我更新和外界力量对社区空间的强制性改善。相应的规划方法以社区康体规划、社区开发规划和社区场所体系建构为代表(江应澄,1989)。

6.全面建设时期(20 世纪 70 年代以来)

此阶段受后现代主义城市规划理念主导，城市社会区域划分思想的原则是：基于城市日常生活体系理论的人与空间互动机制调节原则，对居住空间的辨识以多因子生态分析方法为主进行复合性分析。具体的社区规划原则体现在将城市建成区作为规划重点,消除阶层隔离,区域间协调发展。相应的规划方法以社会机能规划、综合管理规划和“邻里复兴”规划为代表,从社区空间组织着手研究,而不是过去单纯从功能区的角度研究,以综合社会、管理、形态、环境因素进行规划来实现社区社会-生活质量的提升。

三、城市社会区域(体系)划分方法的基本原理与操作模式

城市社会区域的划分方法是城市社会空间结构研究的核心问题,经过近 30 年的探索,西方学者已经研究出许多城市社会区域划分模式,产生了以形态分析法、自然区分析法、多因子分析法和行为分析法为主的多种社会区域划分方法。这些方法都是在一定的方法

论与认知思想下衍化推导出来的，它们对揭示城市社会区域的演化、现状、结构都有一定的深度。国外在运用某一方法时，不论在因素的选择上、在资料的来源上，还是在计算的手段上，都有一个不断完善、不断创新的过程，没有一个固定不变的、完全可以照搬的模式。

（一）形态分析法

形态分析法是以土地利用形态为依据的社会区域划分方法，以 J.E.范斯为代表，他强调社会区域的划分以城市景观或居舍景观的差异性为判识标准，操作上采用聚类分析手段将调查区划分为土地利用区或居住社会区域（Vance，1997）。城市区域结构的空间特征表现为同心圆模型、扇形模型和多核心模型等镶嵌式模型。社会区域形态划分方法的基本原理与操作模式如图 3-1（王兴中等，2000）所示。

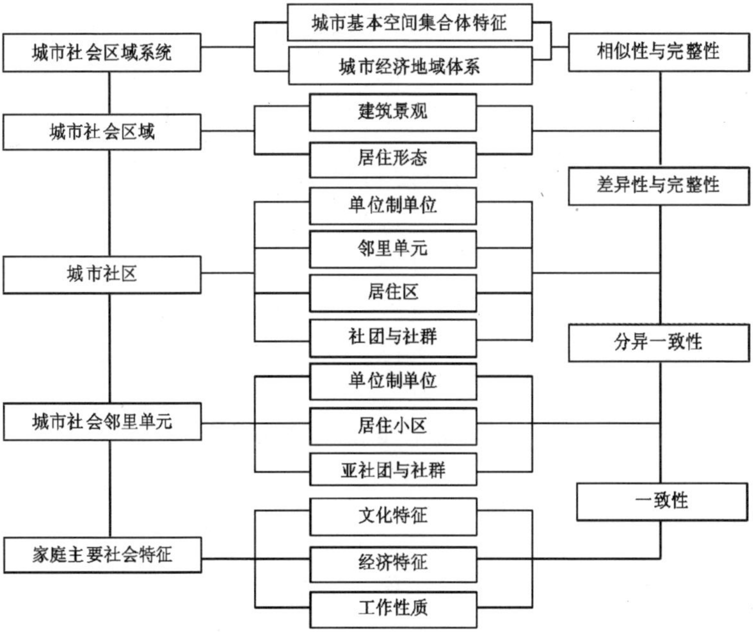

图 3-1 城市社会区域形态划分的基本原理与操作模式

(二)自然区分析法

自然区分析法是以自然区分类模式为依据的社会区域划分方法，以 R.帕克(Rober Park)为代表，强调以整个城市的空间分离状况和居住的地域分异规律为判识标准。操作上采用数学分析方法，定性描述城市土地利用特征与居民的文化-生活方式特征。缺点是它只以某几个特征因素衡量社会区域的差异，随意性较高，忽视了社会因素对社会区域形成的影响(王兴中，1995a)。社会区域自然区划分方法的基本原理与操作模式如图 3-2（王兴中等，2000)所示。

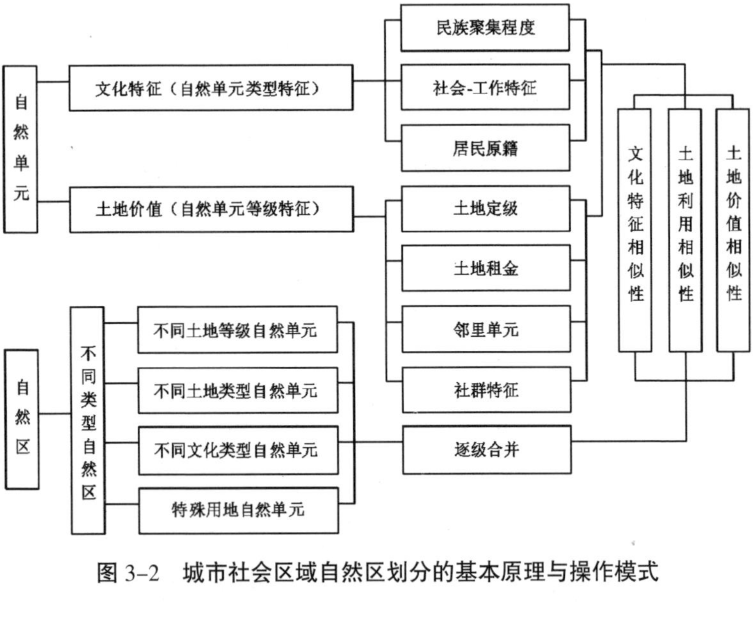

图 3-2　城市社会区域自然区划分的基本原理与操作模式

(三)因子生态分析法

此方法把社会互动看作是整体社会背景下共生的表达，整体社会背景由生活空间竞争所主导，其结果是形成一系列的由不同群体所控制的自然区域。当不同群体的无数力量和竞争力以及不同环境的吸引性与适宜性发生变化（由某类具有独特的人口混合特性和生活方式的群体占据导致的自然和人口特征的变化）时，侵入和接替的生态过程使得“自然区域”被修正（图 3–3）。

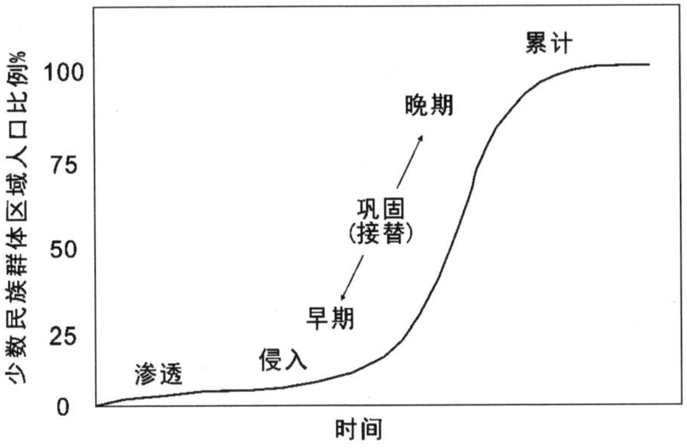

图 3–3　侵入和接替的生态过程

资料来源：保罗·诺克斯，琳达·迈克卡西.城市化[M].顾朝林，汤培源，杨兴柱，等译.北京:科学出版社，2009:364.

因子生态分析的目的有两个：一是要揭示城市社会空间中的主要作用因子，二是要揭示这些主因子空间作用的特点，或称为空间作用模型。其分析的具体思路见图 3–4，所使用的数据必须满足两个条件：一是数据必须从一个城市内部若干个统计小区中收集；二是数据必须反映城市内部地区的社会特征，所以一般收集受访者性别、年龄、民族、职业、教育、居住、收入、家庭规模、婚姻状况等资料（虞蔚，1986）。

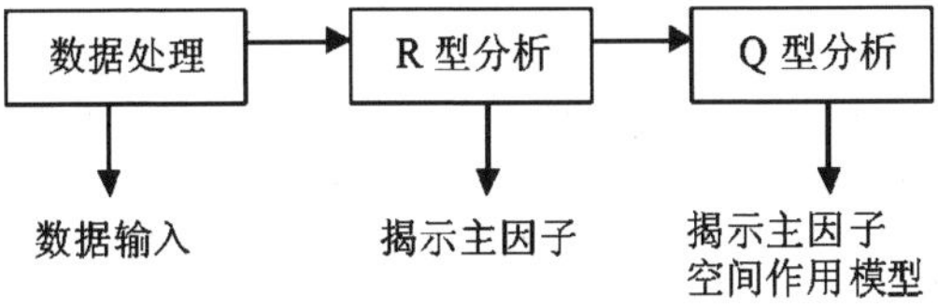

图 3–4　城市社会区域多因子分析的基本原理与操作模式

多因子分析法以人口普查的分类内容为依据对社会区域进行划分，以 E.谢夫凯（E.Shevky）和 W.贝尔（W.Bell）为代表，强调在较小的人口统计区内进行类型特征分析。具体操作以聚类分析等数学分析法为手段，采用多变量分类法，用人口普查资料代表调查区的社会特征变量，将众多变量构成一个运算系统，计算变量的重要程度，最后输出多变量空间单元分类图（王兴中，1995a）。社会区域多因子分析的基本原理与操作模式如图 3-5（王兴中等，2000）所示。

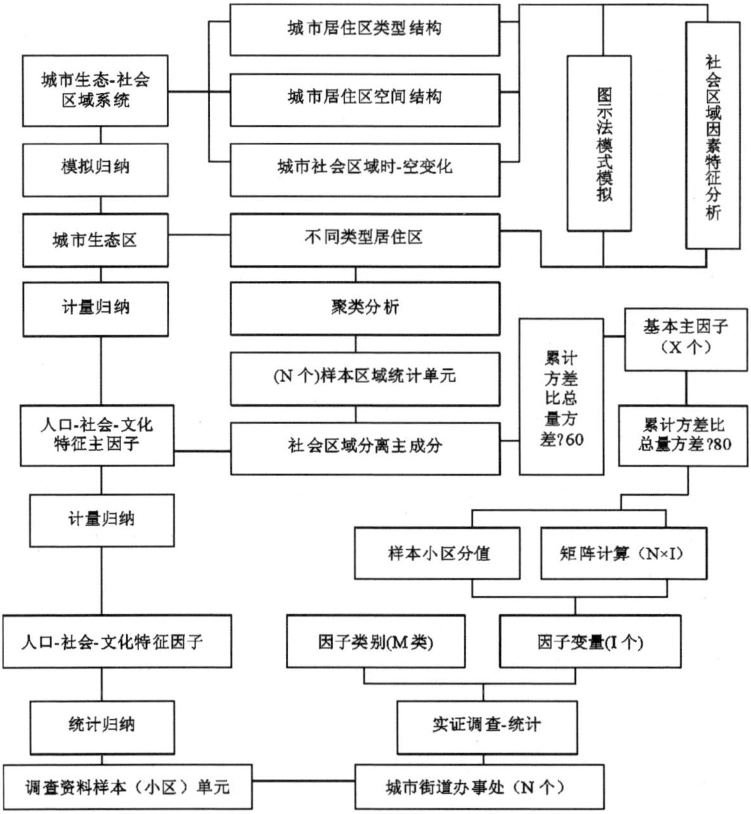

图 3-5　城市社会区域多因子分析的基本原理与操作模式

（四）行为分析法

研究迁居行为对于理解城市社会空间结构的形成及演化的微观机制具有重要作用。国外学者的研究认为城市社会空间结构的变化常常是大量的城市内部迁居的结果，这种行为受到家庭收入、生活方式、家庭状况、对邻里的了解和预期等因素的影响，再通过形成居住机会和居住需求与预期而产生迁居的决策，进而影响城市的社会生态（Knox、Pinch，2000）。形态分析法、自然区分析法、多因子分析法缺乏对社会区域变化过程的考虑，忽视城市居民对社会区域演化的能动反应，带有经济决定论的色彩（Timms，1971）。实际上，同一个社会区域中的居民具有行为一致性，体现了地方性空间地位感（sense local spatial identity）（王兴中，1988），构成了感应邻里区的分类基础。行为分析法以人们对环境的认知、行为和心理满足程度的差异作为感应邻里区的划分依据，操作上以行为调

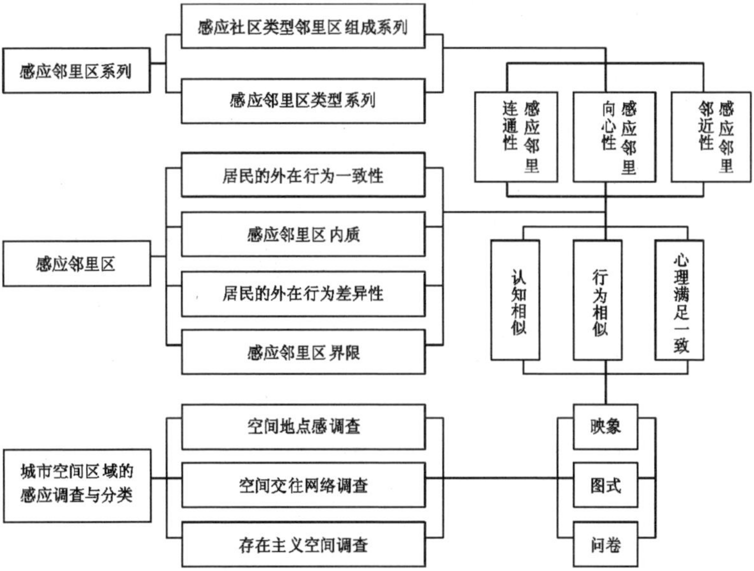

图 3-6　城市社会区域感应邻里区行为分析的基本原理与操作模式

查为基础，运用社会网络分析（social network analysis）的手段，确定感应邻里的连通性、向心性与邻近性特征以及在空间上社会相互作用的范围，主要的空间构成模型为社会交往邻里、均质邻里、单元邻里等（王兴中，1988）。社会区域感应邻里区行为分析的基本原理与操作模式如图 3-6（王兴中等，2000）所示。

（五）社会区域划分的其他方法

生态学家划分社会区域主要采用生态区界线限定法，以区域社会特征差异为依据，强调利用人口普查等统计资料，操作采用统计手段确定区域的土地价值特征、居民的社会-经济地位特征变量，进而确定社会区域的界限。

社会空间研究学者则采用综合分析法划分社会区域，以人口普查区为单位，用尽可能多的社会因子组成矩阵，进行多元因子分析。其他方法均为主观性选取因子，而综合分析法由于运算中因子不受数量限制，所以选取因子更为严谨，计算也更严格，但是工作量大，需要的基础资料更多（王兴中，1995a）。

四、小结

随着社会文化进程的推进，必然要经历城市化的过程，并将伴随城市社会空间结构的演化。城市社会空间演化的主动力是居民生活方式变化下对空间的作用力。其景观特征是居住分离带来的居住社区的（空间等级）阶层化与（空间亚文化）类型化及其空间的组合。居民生活方式变化是人本主义行为规律下的产物。对城市社会区域进行划分必然以人本主义方法论为基础进行。随着社会的发展，人本主义的行为含义也会不断完善，对城市社会区域的划分原理与方法将会更加明确和切合实际。

第四章　城市社会空间结构的形成与演化

城市社会空间结构是由城市物质空间和社会空间组合而成的，居住空间是城市社会空间典型的物质表现。社会阶层的分化形成了城市居住空间的分离与隔离。对城市社会空间结构的研究认为，城市阶层的社会行为驱动居住区过滤式互动，促使社会空间单元演化。对城市社区的规划研究必然逐渐由对单独社区内部构成的规划研究转入对社会空间体系的规划研究。

一、社会阶层和社会阶层化的基本概念

（一）社会阶层

社会阶层是社会学中的概念，人群在政治、经济、社会等方面的差异导致了其在社会结构所处的地位，即产生不同的社会阶层。社会阶层是个体社会属性、行为方式等在空间上的差异表现，是社会分层（social stratification）研究的基本范畴。以马克思为代表的系统阶级理论和以韦伯为代表的经济-政治-社会"三位一体"分层理论，是社会分层的两个最具代表性的传统理论，现在的社会分层理论则更多地采用多元标准和综合指标（郑杭生，2006；吴理财，2003；卢海生，2006）。

社会学派认为社会阶层是由于经济、政治、社会等多种原因形成的、在社会层次结构中处于不同地位的群体。社会分层是依据具

有社会意义的属性，一个社会的成员被区分为高低有序的不同等级、层次的过程与现象。阶层是指社会垂直分化产生的各个社会地位层次以及分处在这些地位层次上的人群(王兴中,2009)。

对社会阶层的划分指标选取,不同学科的研究各有侧重。经济学将职业和收入作为划分的主要依据;人类学注重种族(民族)-文化差异的影响;行为学划分社会阶层的判识标准是生活(消费)行为的内部一致性和外部差异性(Martineau,1958)。

(二)社会阶层化

社会阶层化是居民的社会经济结构发生转变，由此造成城市社会空间不断重构的空间现象(Castells,1975;Ley,1996)。其研究内容是在社会阶层的生活行为扩散规律下，探讨城市社会空间结构的变化规律,构建城市社区体系(冯健,2004;李志刚、顾朝林,2011)。在空间表现上,不同城市发展阶段对应不同主导阶层的社会阶层化空间结构(王兴中等,2009)。

"橄榄形"的社会阶层结构是最稳定的,这种结构中高收入阶层与低收入阶层都是少数,而中等收入阶层占多数,是一种大多数人互利的阶层结构形式，有利于社会公平制度的建立（刘卫常，2006)。目前西方社会已经实现了这种以中产阶层占主导的社会阶层结构,中国的中产阶层化也逐步发展起来,对社区的文化特征具有较强的主导作用。

二、社会阶层化的(居住)行为模式

(一)社会阶层化的空间生活行为研究

1.阶层化生活行为下的社会空间重构

社会阶层从行为学特征上具有内部一致性的特点，与社会的其他阶层在生活方式上具有明显的区别(Martineau,1958),阶层的社会-经济地位通过吃、住、行、穿等不同消费行为方式表达,表现出来行为规律和趋同-分异特征引发了社会生活空间的重构。由于社会制约、生活方式、生命周期和家庭资源水平的差异，低收入阶层、中产阶层、高收入阶层的居住空间进一步分离，在地域结构、文化结构、设施结构、归属感结构、人口结构、时间结构等方面进行空间再构，其对应的消费空间也随之发生转变（图 4-1）（王兴中，2009）。

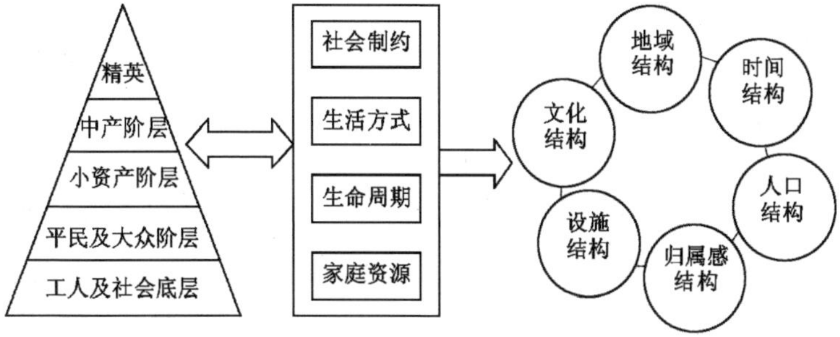

图 4-1　社会阶层构成与空间再构方向

王宁（2001）指出消费与认同之间有着十分密切的联系：我们的认同支配了我们的消费，反过来，我们的消费又是认同的体现。在这种意义之下，消费不再仅仅是一个个人，而是一个具有特定的社会位置和群体归属的人。消费在社会学意义上的重要性之一在于它既是用于建构认同的原材料，又是认同的体现和表达。

李斌（2013）指出：客观的社会经济实际建构着特定群体的阶级经历、阶级认同，同时，阶级经历、阶级认同也建构着阶级的客观社会经济实际。然而，人们所处的客观社会经济地位往往与主观社会经济地位不一致，在经济发展水平和收入分配状况差异很大的国家和社会，社会“中层”的认同情况可能非常类似。由此，依据客观指标定义的中产阶级，与人们主观认同的社会“中层”，既存在一致性，也存在差异性。中产阶层由于住房符号的形塑，在自我认同上更倾向于自我认同为社会中间层。住房因而也就成为中产阶级判定个人在社会结构中所处层次的刚性指标。

中产阶层化具有以下特征：一是在城市中心区范围，社区外的高收入者进入并置换社区内的低收入者；二是社区物质环境条件得到相应的改善，尤其是住房、自然景观和基础设施；三是社区的本质特性发生了转变，主要表现为人口构成及文化特征方面。因此可以说中产阶层化实际上揭示了城市中心的社区从居民阶层到相应物质条件与环境的高级化趋势，也是城市中心再复兴的过程（王兴中，2009）。

2.社会阶层下的行为研究视角

（1）社会阶层分化的行为空间内涵。社会学、地理学、行为学和经济学等学科都从各自学科的特点出发，探究社会阶层化与对应生活行为的空间内涵，虽然研究侧重不同，但得出的结论有一个相同点，即亚文化行为在空间上有集聚的效应，随着居民社会-经济地位的转变，其所处社区行为空间表现出居住类型-等级结构化、家政服务社会化、休闲行为空间等级序列化、购物等级序列网络结构化的趋势。

（2）社会阶层化的动因视角。国外社会阶层化城市社会空间结构的研究认为，工业化带来城市空间形态的变化。一是城市土地利用模式在“物质距离”与“成本距离”的“区位（经济）”效应主导下，工作地与居住地分化分离；二是居住地土地利用在“社会距离梯度”（social distance gradients）的“区位（社会）”效应主导下，（阶层）居住分化分离，形成城市日常系统地域（王兴中，1995b）。当代社会阶层结构的变迁研究表明，工业化、市场化和城市化促进产业结构变化，推动劳动力转移导致就业结构变化，进而影响职业结构的变迁,最终促成阶层的分化和形成(陆学艺,2010)。但是中国的社会阶层化动因,除上述原因外,还有社会政策体制的调整带来的影响。

(二)社会阶层化的生活(居住)行为空间模式

城市四大日常生活行为(工作-上学、家务、购物与闲暇)与城市空间相互作用,导致城市空间的变化与扩展。行为是社会属性认同的外在表现,而消费行为更多的是一种身份的象征,因此各社会阶层的生活行为表现出对不同产品和品牌的参数选择,并呈现出行为空间结构的社会阶层化特征(Kotler,Armstrong,2003;Erikson,Goldthorpe,1992)。

阶层之间的界限随着城市化进程的推进表现得日益明显,在构建社区体系时,社会阶层化的生活(居住)行为空间模式遵循社会区域分化的时-空规律,居住空间体系要符合居民认知的需求差异性,体现阶层化生活方式的价值一致性,使所有阶层都有进入对应的阶层化生活(居住)空间的机会,满足不同阶层对生活空间质量的需求。这样不同阶层才有对社区、邻里区空间的可进入性与社会(距离)上的区位机会可接近性(杨引弟,2008)。

居住空间包含了自然和人文环境的空间功能,体现了居住者的阶层性差异。区位的经济与社会效应差异构成了(居住)空间分异的基础。从工业化到后工业化阶段,城市的居住空间结构也随着阶层分化的程度发生改变,从以社会隔离为主的圈层结构,到社区体系不同等级与类型的空间结构(王兴中等,2000)。

"居住分异"是指居民住房分化的现象,特别是人口形成一定规模的居住小区之间在空间上的分化现象,最典型的就是国外所谓"富人区""穷人区"的产生。国内学术界自 20 世纪 80 年代开始,对"居住空间分异"(residential space differentiation)等问题展开研究,探讨居住空间分异、居住空间阶层化的形成机制。有的学者把

“居住空间分异”定义为“不同的社会阶层由于经济收入和社会地位差异以及家庭结构、择居观念的不同而产生的居住水平和居住区位的差异,在景观上形成面积不同、景观相异、相互隔离且具有连续性发展趋势的同质化居住体系”(李斌,2013)。

伴随着市场经济发展、城市化进程加速、劳动力自由流动和住房商品化,中国城市社会正在发生快速的分化,这种分化包含两个维度: 一个是横向的分化,指城市居民在种族、民族、语言、文化、宗教、职业等领域的特征差异加大;二是纵向分化,指城市居民在收入、财富、教育等资源占有上的差异加大。这种分化呈现在社区中是社区异质性的增加,即原本毫不相干的个体,诸如不同单位、不同职业、不同文化、不同宗教和不同民族的人经由住房的市场机制（指购房或租房）开始居住和生活在同一个社区。另外,城市中快速的人口流动使社区中的街坊/邻居也不再是同一宗亲或世代为邻的熟人,而是不断变换的“生人”,社区似乎正在失去传统社区所具有的“熟人社会”的特征(蔡禾、贺霞旭,2004)。

(三)社区亚文化类型下设施的区位构成体系配置指标

1.社区阶层设施的文化场所类型配置指标体系

阶层社区中,居住以外的行为多呈现阶层性的亚文化特征,以体现其生活方式的文化差异性，该差异性形成对场所的好恶偏好价值取向,其场所类型配置有一定的规律(表 4–1)。

2.社区亚文化差异设施(资源)的文化场所配置指标体系

社区的亚文化差异，主要表现在民族文化社区与阶层类型社区的文化场所,前者的设施(资源)文化场所与其民族文化的宗教与习俗有关,后者的文化场所与其商娱文化行为的场所类型有关。随着城市的发展,中产阶层文化场所类型发育很快,其文化场所配置指标体系见表 4–2。

表 4-1　社会阶层化下场所认知与区位布局关系

阶层类型	场所的社会空间功能	等级-类型	代表性阶层空间	商娱社区布局区位
精英阶层	炫耀	奢华享受	全球旅游场所、大型国际高级购物中心、高尔夫、冲浪等高尚会所	中高阶层社区奢华商娱城
中产阶层	激发	文化发展	音乐会、画展、咖啡厅	城市中心社区刺激与亚文化专项型商娱街
	活力	康体、健身	健身中心、球馆、个性化旅游场所	城郊旅游社区康体型景观点
	神秘愉悦	刺激、放松	酒吧、洗浴中心、大型购物中心	城市中心社区刺激与亚文化专项型商娱街
普通工薪阶层	亲切	消遣、实用	公园、超市、百货商场、网吧	普通阶层社区-综合型商娱中心
社会底层	安全	无明确意义	邻里和户外周围空间	低阶层社区-大众型商娱中心

表 4-2　国外中产阶层商娱消费行为与对应场所

中产阶层不同群体		生活行为模式或商娱行为	商娱场所
经济资本占优势的新富阶层	中上新富阶层	住：别墅；行：豪华汽车；衣：名牌服饰	环球旅行、会所、高尔夫、高级美容院
	中等或中下新富阶层	住：连体别墅；行：中档汽车；衣：名牌服装	跟团旅游、健身房
文化资本占优势的专业阶层		住：拥有现代或后现代装修风格的建筑；衣：衣着有品位；身份象征：具有文化品位的群体	咖啡厅、酒吧、音乐会、画展、境内外个性化旅游
经济资本与文化资本兼有的白领阶层		住：都市白领楼宇；衣：以名牌折扣服装或仿制品为自己的选择；身份象征：去国外快餐店	精品屋、美容院、保龄球、高尔夫练习场、国外快餐店
新型文化人阶层		住：SOHO 社区或同居；行：分期付款购车；身份象征：模仿时尚名流或个性化的装饰	酒会、流行音乐会、娱乐场所聚会

资料来源：王兴中等. 中国城市商娱场所微区位原理[M]. 北京：科学出版社, 2009: 164.

三、阶层化居住分离的物质景观与社会经济特征

(一)阶层化居住分离的物质景观特征

生活空间的环境由物质环境构成,要素多达13种:多种可以获得的社区资源、明确的入口和出口、明确的边界、明确的社区中心、显著的视觉特征、社区尺度、多种行为环境、协调的土地利用、无通行障碍、可以进行日间和夜间获得、可以容纳多种交通模式、有通道与中心相连接,有充足的就业机会;当人们认知这些要素时,会产生适居性、特征、关联性、流动性、个人自由、多样性的差异(王兴中,2009)。住房不仅仅是栖身之所,还包含居住者对自然环境、人文环境、交往对象、生活方式的选择,“极化”和“隔离”是居住空间阶层化的极端表现(李斌,2013)。

从居住空间的物质景观特征来看,阶层化居住分离在住宅区内部的不同邻里区之间表现为高度的同质性,在不同的居住社区之间则表现为住宅类型、公共服务设施、交通设施、景观方面的异质性。对居住空间类型的研究,主要基于景观生态学的理念,从形态判识分类的角度进行划分(刘沛林等,2011;贺艳华等,2014),按照组合形式、住宅高度、价格、年代等因素区分(李红波等,2012;刘争光、张志斌,2014),少数涉及阶层化行为方式,将客观物质环境和生活空间质量需求相结合,以矩阵结构关联不同的社区模式(刘晓霞,2008)。

住宅是一般城市居民可能拥有的体积最大、价格最高的消费品,存在住宅类型、区位、持有方式、总价和年代等方面的差异,对少数群体而言,住宅已成为个人身份和地位的象征,特别是住宅类型与区位特征(表4-3)。不同收入水平阶层主导的住宅类型是不同的,占据的区位也有差异。一般而言,住宅类型按照高度可分为低层、小高层、高层类型,大城市的住宅高度表现为由内城向外城逐渐降低的规律(黄怡,2006);按照组合形式可分为独栋、联排、组

团类型;住宅的持有方式是与它的产权密切相关的,有集体产权、个人产权之分;住宅的价格主要受区位因素的影响,其他如环境、物业服务等也有一定的影响;年代对住宅的影响主要体现在越新建成的住宅,价值一般越高于建造年代久远的住宅,但是特殊的历史–文化内涵的住宅不属于此评价范围。

表 4–3　中国不同收入阶层对应的住宅类型差异

社会阶层类型（按收入水平）	住宅类型	住宅区位
高收入阶层	独栋低层住宅/高档公寓	郊区/城市中心
中收入阶层	高层、小高层住宅	城市中心到郊区的所有地域范围
低收入阶层	低层住宅	旧城或城乡结合部的边缘区

公共服务设施主要是指住宅区内部的公共管理和服务设施及住宅区周边的市政设施、城市资源空间体系，如各类城市生活资源、购物场所、娱乐场所、文化休闲场所、游憩和体育活动空间等。公共服务设施的构成因居住群体和住宅类型的差异而不同。

住宅的交通设施差异主要体现在私人小汽车占有量不同造成的居住需求差异，一般而言，高收入阶层的出行方式主要是其驾车,中等收入阶层的出行方式主要为城市公共交通系统,低收入阶层的出行方式主要为步行和自行车等非机动车方式，因此高收入阶层社区需要建立停车场，而中低等收入阶层为主的社区周边公交线路密集。

城市自然景观属于城市的公共空间–景观绿地资源体系,周边的自然环境优越,一般被高收入阶层的住宅区占据。城市公共空间也呈现等级化特征,构成市政公园、小区游园、街角绿地的等级化体系。

(二)居住分离的经济特征

1.空间居住的阶层化模式

居住的经济特征是居住分离的内在动因，不同阶层的人群形成不同的空间居住模式。空间居住的阶层化模式是指居民以社会心理与行为为基础,在择居过程中表现出的行为模式。个人的择居行为主要受家庭生命周期的变迁、工作或工作地点的变动,以及个人偏好的影响,这些因素的变化,都可能引起居住的流动,形成不同的空间居住模式。

2.居舍类型认知构成

不同社会经济特征的群体，选择的居舍类型有较一致的认知构成特点,形成阶层化分异(表 4–4)。

表 4–4　美国居舍类型的认知构成

住宅类型	认知构成	价值 *（万美元）	比例 **（%）
豪宅 prestige	花园卧城、大型地产、高级公寓	>40.0	2
很好型 very good	老式 8 居室独体住房，或者一套住宅单元（3.5—4 个浴室,2—3 车位车房）	>20.0	6—8
较好型 pleasantly	50 年代后修建的 7 居室住房（2 个浴室,4 个住房及活动间）	>10.0	15—20
标准舒适型 standard–comfortable	20 世纪中叶及以后的 6 居室平房（3 卧室和 1 浴室）	>6.5	25
标准边缘型 standard–marginal	1920—1950 年期间修建的 5 居室住房	>5.0	25
次标准型 substandard	缺少现代设施的老旧住房	>2.5	20
贫民窟 slum	漏雨,木板房为主体的结构	>1.0	5

注:* 表示不同区域按其距城市中心的距离，其价值差距很大;** 表示占大都市区内包括公共房屋总和的百分数。

资料来源:转引自:Truman A Hartshorn.Interpreting the City:An Urban Geography (2nd edition)[M].New York,Chicago,Brisbane,Taronto,Singapore:John Wiley and Sons,INC,1992:251.

四、社会阶层分化与居住邻里区的互动规律

社会阶层分化形成居住分离，居住分离建构城市日常居住社会空间体系。其余社会区域居住单元的互动表现在居舍类型和邻里区两个层次上。

(一)社会阶层与居舍空间类型的对应关系

同质人群集聚居住，异质人群彼此分离，社会阶层在社会经济地位上的差异表现为居舍环境与空间类型差异，塑造了城市不同社区的物质生态景观。

由于社会阶层分化，城市社区从开始时的自然型社区，逐渐转变为阶层性的邻里社区，不同阶层属性的人群居住在不同居舍空间类型的地理空间，构成了城市空间分异的基本单元格局。

针对社会转型过程中所出现的机制转换契机，国内外学者先后提出了市场转型理论(Victor Nee，Yang Cao，1999)、权力维续理论、人力资本理论(Parish，William L.，Ethan Michelson，1996)、社会资本理论(帕特南，2001)、政治市场理论等(Lin Nan，Walter M，Ensel，John C. Vaughn，1981)。国内学者对中国社会持续的分化现象也做出了一些研究，孙立平(2003、2004)使用“断裂”“失衡”等概念系统地描绘了中国社会的分化程度，李强(2005)运用倒“丁”字形结构概念描绘当下的中国社会分化结构，陆学艺(2002)则按职业把中国社会分为十大阶层。虽然角度各异，但是一个共识已经达成：中国社会正处于快速分化的一个时期。

李斌(2013)对中国城市居住空间的阶层化现象、原因及调控进行了系统研究，认为城市居住空间阶层化是指城市内某类居住空间的居民向单一社会阶层集中，而不同阶层的居民分别归属于不同类别的居住空间的过程，或者说是社会结构的分化现象在城市居住空间布局上的反映。他提出居住空间阶层化的主要表现形式有五类：

（1）原有社区成员发生分化、解体、重组，社会地位相似或相同的人走到一起。其中又有两种情况：一种是社会地位得到提高的人主动迁出原社区，另觅与自己的社会阶层相符的社区居住，将原社区留给社会阶层相对较低者；另一种是社会地位降低的人无力居住在原社区，主动迁出原社区另觅更低层的社区居住；

（2）新建小区由于品位和价格本身的差距而自然吸引不同社会阶层的人，从而自然形成不同的阶层社区；

（3）居住在同一社区的居民在居住格局不变的情况下逐步向同一社会阶层靠拢，呈现出一种社会地位和文化品位越来越接近的趋势；

（4）众多流入城市的初等劳动力集中居住在城市与农村的接壤部，这里的生活设施较差、居住拥挤、犯罪率较高，成员构成复杂，他们拥有自己的边缘亚文化，他们通常将自己定义为“城市过客”；

（5）“蚁居”的“大学毕业生低收入群体”居住在城乡结合部，其群居的生活环境具有以下特点：生活条件差，缺乏社会保障，思想情绪波动较大，挫折感、焦虑感等心理问题严重，且普遍不愿与家人说明真实情况，与外界的交往主要靠互联网并以此宣泄情绪。与第四类人不同的是，蚁居群体对最终融入城市有强烈的动机和不屈不挠的精神。

除了上述五个类型以外，居住空间阶层化还表现在“门卫社区”（Gated Community）的增加。不少学者认为，门卫社区为居住者提供了安全保障，代表了私人社区和私人管理积极增长的趋势，吸引成功人士来居住。门卫社区是一种典型的边界排外模式，具有排斥外来者、保护特定阶层身份的特点，当人们在选购住房时，总是在试图寻找着阶层（团体）的控制。

(二)社会阶层与居住邻里区的对应关系

居住分离的空间特征是居舍类型分异,不同类型的居舍区形成了居住邻里区(或社区)景观。由于居住社区有“聚集—中心化—分离—侵入繁衍”的社会空间生态过程,由社会经济地位决定的居住邻里区等级类型,逐渐演化为由生命周期阶段、民族(种族)与生活方式差异而产生的多样类型化居住邻里区式社区。

1.社会阶层与居住邻里区的等级关系

在社会价值观的作用下,居住区不仅是满足居住功能的场所,也日益成为人们地位、身份的象征(苏晓红,2009)。不同等级的居住邻里区在环境结构、居舍类型以及对应物质设施、社区管理服务、社区文化和空间布局等方面均有差异(李燕玲,2011)。在市场经济背景下,收入的差距必然导致不同阶层消费需求的差异。在对居住邻里区类型的选择方面,高收入阶层有能力支付高等级的居舍类型和居住环境,或者选择区位优势的城中心高价公寓,或者选择需要长距离通勤的郊区别墅,低收入阶层则只能选择价格较低的居住邻里区,其居舍类型周边的环境必然也处于对应等级序列的较低层次。总之,不同阶层对居住邻里区的等级类型存在着空间对应关系。

城市居住空间等级化分异是城市社会等级结构的外在体现,往往会带来基础设施及公共空间供给在社会空间上的差异,这种不公正的城市资源空间分配模式会产生一系列的社会矛盾,不利于城市整体的和谐发展。

由于社会阶层分化是客观存在的,城市社会居住空间的分异也是不可避免的现象。一定的居住区空间的分化与分异现象是合理的。有学者认为居住空间的阶层化能促进社区居民的高度自治,特有的“邻里效应”能减少社会失范风险,给城市管理带来机遇,提高社区服务水平，有利于服务的差别化、产业化经营，满足居民多样化需求；减少社区内部冲突，增加社区凝聚力；有利于社区公共物品的管理与建设，增强政府扶持的针对性。但是容易造成不同居住区阶层间的对立，在更大范围内影响社会稳定（徐晓军，2007；李斌，2013），因此要控制空间“极化”的程度。

2.社会阶层与邻里区类型关系

居住分离的第二个空间特征是不同年龄段、民族与生活方式的差异下，选择居住邻里区的择向分化，形成不同类型化的居住邻里区。阶层择向分化形成的居住邻里区类型与多样化，都是在邻里区等级化基础之上形成的多样化。首先是年龄与家庭规模的居住邻里区类型，主要考虑子女受教育的空间类型；其次是年龄与生活方式下的居住邻里区类型，主要考虑的是亚文化消费行为的社会场所区域类型；第三是民族文化下的居住邻里区类型，主要考虑的是民族文化生活方式的内聚性空间类型。

3.社会阶层与居住互动机制

国内学者认为城市居住形态分异的机制有两种：内生分异和外生分异（于一凡，2010）。外生分异主要是由经济、制度、政策等外力因素而形成的等级空间，内生分异主要是由居住文化、生活方式、家庭结构等内部需要差异而产生的类型空间（图4-2）。

物理距离、社会距离和社会互动对居住空间的分异产生了极大的推动作用。居住模式与经济、人口、社会、文化和政治环境相互影响，居住空间分异源于城市社会互动，形成于社会经济背景、人口和文化结构框架。人与人之间的生活方式、年龄、种族等原因产生的亲近性，导致相互依赖和变化（图4-3）。

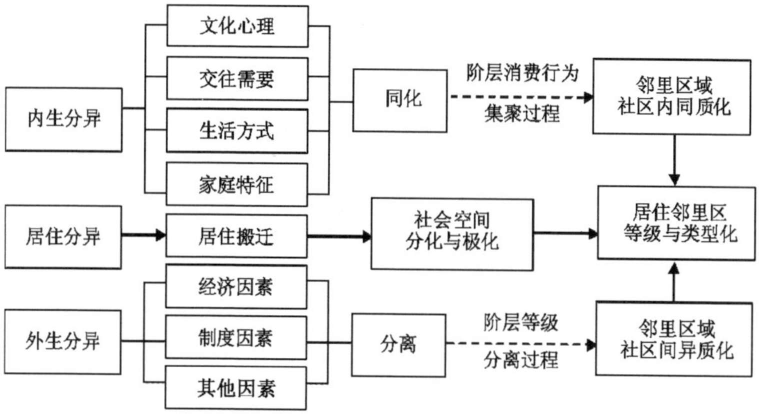

图 4-2　社会阶层的分化与城市居住形态分异的互动关系

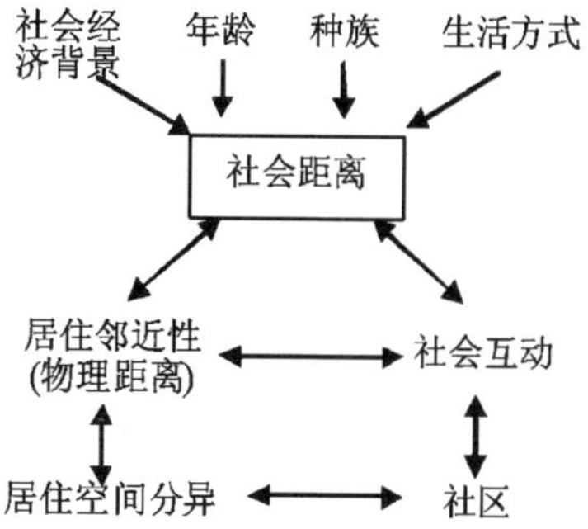

图 4-3　社会互动与居住分异

资料来源：保罗·诺克斯，琳达·迈克卡西. 城市化［M］. 顾朝林，汤培源，杨兴柱，等译.北京：科学出版社，2009：397.

五、邻里区过滤与社会空间体系分异的互动规律

(一)邻里区过滤

1.邻里区过滤的内涵

最早提出邻里区过滤理念的是 Partet ，他于 1920 年提出了

“生态过滤过程”的概念，指出：随着市区内人口与收入的增加，建成区中心的住宅群开始老化，高收入住宅群体向都市外圈迁移，中心区会被低收入群体侵入或继承，这种住宅由不同收入家庭拥有的过程即邻里区的生态过滤（李燕玲，2011）；Smith（1964）认为住宅过滤导致邻里空间的变化（杨瑞，2009），其实质是一定时间段内社区体系空间结构的演变，这一理念广泛运用于城市住宅变化的研究中。

从城市社会空间结构的角度认为，邻里区过滤是社区内部空间演变的过程，其实质是原有社区与经济发展水平不适应，且难以满足新出现的社会生活需求；它是原有社区被新社区置换或过滤，从而改变为另一种社区类型的过程。由于城市的空间发展是动态的，社区空间变化也是动态的，因此城市社区的过滤是社会区域分化的永存过程机制。

从社会阶层化的角度认为，居住的空间分离产生搬迁，会使社区的居住同质性特征发生变化，这一过程就是社会区域过滤或邻里区过滤（Ley，1983）。

2.邻里区过滤的类型

邻里区过滤的类型有邻里区上滤和邻里区下滤。邻里区上滤指随着邻里区（等级）类型的整治，伴随有较高阶层居民迁入的过程。邻里区下滤指随着城市社会经济水平的发展，原社区不进行居舍类型更新，导致居住环境质量下降，会使原有住宅亚市场的级别不断下降，伴随着原来居住的较高等级阶层迁出及低下阶层迁入的过程。在人为的干预下，可强化邻里区过滤过程，分为主动或被动式的上滤和下滤。

3.邻里区过滤的影响因素

邻里区过滤的影响因素分为客观因素和主观因素两类。客观因素主要指居住环境的陈旧和物质的磨损，主观因素包括居民结构变化、家庭生命周期、以家庭为单位的搬迁以及政策和投资的变化。在邻里区的过滤方式中,开发商或政府的投资和撤资、物质磨损和陈旧、家庭流动性、邻里所在地的社会和人口变化成为邻里变化的决定因子。大多数的地区性的住宅是为特殊的、相对同质性的群体而开发的,而家庭生命周期的一定阶段将会引起居住人口的流动,流向不同类型的社区。

邻里区的过滤将会导致居住者组成结构的变化,以邻里区下滤为例。邻里区最初居住群体的集体性衰老导致居住者结构的变化,而物质环境质量的下降会进一步诱发邻里等级类型的变化,通常年轻人和不太富有的家庭涌入到较低等级的邻里。另外,物质磨损、技术陈旧和结构陈旧将共同改变邻里,最后,邻里的居住者与初始阶段差异明显,邻里被社会经济、人口、种族或生活方式存在明显差异的群体代表所"侵入",从而形成新的邻里(保罗·诺克斯、琳达·迈克卡西,2009)。

4.邻里区过滤的动因模式

(1)自然过滤模式。此模式中社会经济发展状况和阶层收入差异起主导作用,多呈现出"下滤"过程。具体表现为:社区内外阶层置换等级,社区等级与类型发生变化。

(2)政策过滤模式。此模式中政府政策起主导作用,特别是带有福利性质的公共服务政策,多呈现"上滤"过程。具体表现为:在政策的支持下,重建原社区内住房及居住环境,使居舍的质量发生明显改善。

(3)开发过滤模式。此模式中私营部门(如房地产开发商)的力量起主导作用,多呈现"上滤"过程。具体表现为:获得土地使用权后,私营部门对原社区进行商业开发,社区原来的居民(多为低下阶层)被强制迁出。

(二)社区体系

1.社区体系及其结构

(1)社区体系及其空间构成。社区体系是随着社会经济发展，城市空间阶层化的空间景观现象。社区体系的空间结构存在显著的等级与类型差异,居民的阶层属性是此差异产生的原因。不同等级与类型空间单元在空间上彼此分离，但又共同存在并构成了城市社区体系(图 4–4)。

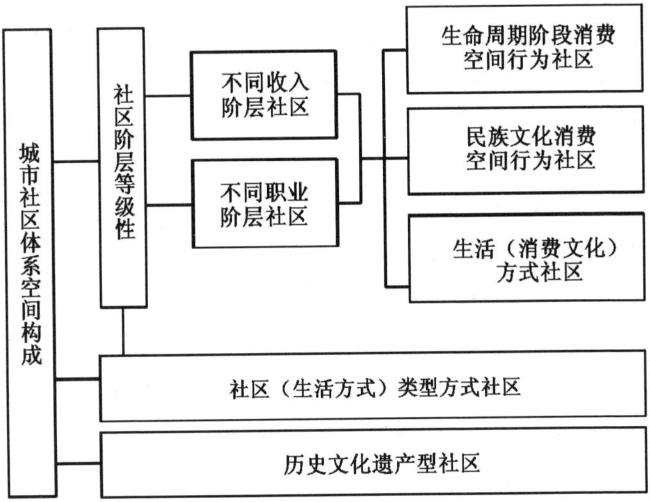

图 4–4　城市社区体系的等级–类型体系构成

中国城市社区体系正在发育过程中，它与国外市场经济充分发育的社区体系有差异,社区体系构成见图 4–5。

(2)社区体系的空间含义。社区(或邻里区)是构建城市社区体系的基础空间单元，不同等级类型的社区构成了社区体系的空间结构,由于城市居民具有职业、收入、文化等方面的需求差异，一个完整的社区体系应当包含所有阶层的居住日常生活空间类型,对居民日常生活行为空间的作用体现在以下几方面:①居民选择自己的居住区位,并通过社区的社会环境理解其对生活的意义(Wellesley,Lews,1985);②形成了包含空间习惯和领地忠诚的社区文化;③不同社区等级或类型社区代表城市不同阶层生活空间质量水平。城市社区体系空间结构的完整性代表了城市整体的社会-生活空间质量水平。

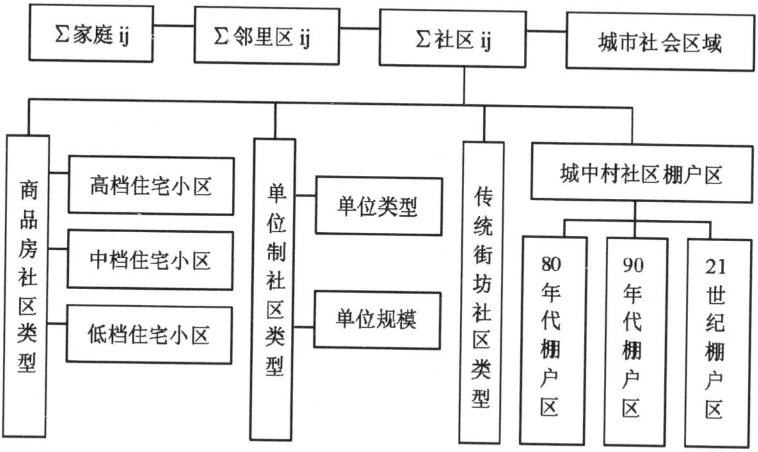

图4-5　中国城市社区类型体系结构图

注:i表示社会-经济-文化特征;j表示数量。

2.社区体系构建的空间动力机制

(1)社会空间单元变化机制。随着城市的发展,城市空间的更新,社区过滤逐渐加快,社会空间单元呈现类型变化与重组,这种动态演化始终以居民自身社会-生活空间质量的变化为中心，趋向于提高生活质量的目的。于是，社区的原有阶层由于社会经济特征发生变化，向其他社区迁移，使社区体系的空间结构逐渐趋向于形成多样化的阶层类型化城市居住社区体系。

(2)生活行为与社区互动机制。随着城市进入工业化或后工业化阶段，城市众多社会因素进一步分化，形成了三种生活行为与社会空间互动机制，土地利用的进一步分化和人们生活系统的分离机制，收入层次、家庭类型以及种族与少数民族生活空间的分离机制，人们选择住宅的行为与生活方式行为分化机制。在空间上表现为居住分离，相应出现了居民日常生活的地域分离现象。由于社区阶层多样化产生进一步的细分与聚集，在不同的社会区域圈层分离出很多有分离或隔离实体的社会区域。

(三)邻里区过滤与社区体系分异的互动规律

1.城市社区体系构建模式

社区是居民日常生活行为的基本空间单元，反映出对应阶层的社会属性特征，在不同阶层的亚文化行为和以居住为主导的空间分化影响下，对应的社区体系发育并重组，居住流动(搬迁)产生的邻里区过滤与居住社区阶层化互动。从社区体系建构的动力机制分析，其建构模式见图 4-6。生活场所及环境的差异性决定了社区之间的等级差异，社区等级体系构成模式见图 4-7。

2.社区体系的阶段性发育特征

伴随着城市经济发展的各个阶段，社区体系的空间特征有差异(图 4-8)。

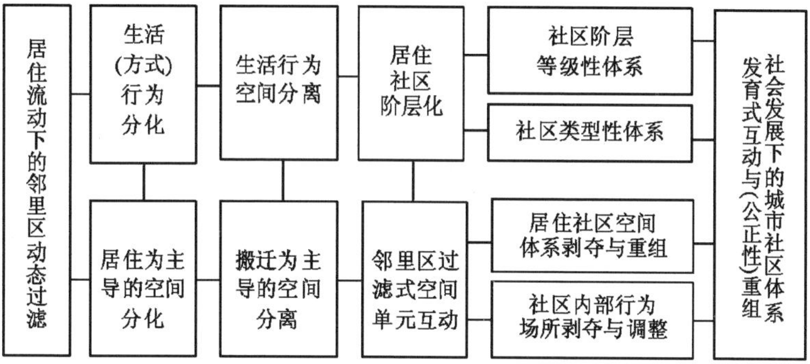

图 4–6　城市社区体系建构模式

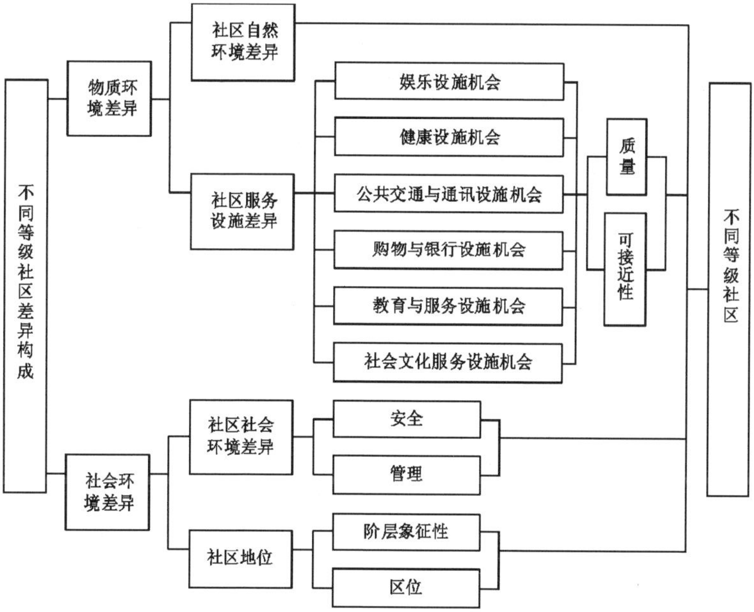

图 4–7　社区等级体系构成模式

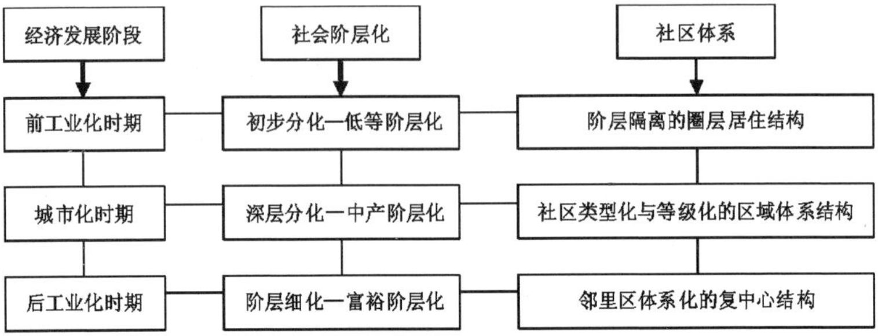

图 4-8 社区体系的阶段性发育特征

3.邻里区过滤与社区住宅亚市场体系互动规律

城市不同社区内的阶层化住宅市场具有对其他阶层的封闭性与内部的循环性。居民的居住流动加速搬迁,同时也加速了邻里区的过滤,使住宅亚市场逐渐下滤。由于住宅亚市场的级别下降,低下阶层有能力进入该住宅亚市场,从而解决了低下阶层的居住需求,并提高了其生活空间质量。因此,邻里区过滤是解决城市低收入阶层住房短缺问题的一个有效途径,实施的办法有两种:一是鼓励构建高等级社区,加长住宅亚市场的“住房链”,促使高等级的住宅亚市场下滤;二是加快居住流动性,强化邻里区的过滤,并加快形成社区体系。

根据对邻里变化的观察,发现其具有典型的次序和相互关系,即存在有普遍规律的邻里生命周期。表 4-5 解释了同质郊区邻里的这些关系,表明物质磨损、折旧、所在地社会人口变化、由过滤诱致的社会人口变化之间如何交互影响,产生了五个阶段的生命周期。

(1)郊区城市化。生命周期的开始阶段,具有低密度、独户住房、由相对较高社会经济背景的年轻家庭居住等特征。

(2)填充。在空余土地上增加了多家庭住房和出租住房,增加了邻里的密度并降低了社会与人口的同质性。

表 4-5 邻里和住房生命周期

次序	投资和建设		社会属性				其他特征
	住宅类型与权属	投资水平	人口密度	家庭与住房结构	社会经济背景、收入	移民流动性	
郊区城市化	独户住房（低密度、多样化）；住房自有	高	低，但增加	年轻家庭；小、大家庭	高（增加）	高的净移入移民；高流动性	开始开发阶段；集聚开发；大的规模项目
填充	多家庭住房、出租房	低；下降	中等，增加缓慢或稳定	变老的家庭；较大的孩子；趋于混合型	高（稳定）	低的净移入移民；低流动性	初步过渡阶段，有年龄、阶层、住房较少的同质性
衰落	现有住房变换为多家庭住房、出租房	非常低	中等，增加缓慢，总人口下降	更老的家庭；较少的孩子	中等（下降）	低的净移出移民；高流动性	折旧和衰退的较长阶段；有些非居住的"接续"
稀疏	非居住、现有单元的建筑拆除	低；增加	下降，净密度可能正增加	更老的家庭；极少的孩子；非家庭住户	下降	高的净移出移民；高流动性	选择性的非居住"接续"
复兴	a.公共住房、出租房 b.豪华高层公寓和联排住宅	a.高 b.高	a.（净）增加 b.增加	a.年轻家庭；许多孩子 b.混合型	a.下降 b.增加	高的净移入移民；高流动性	第二过渡阶段；依据一定条件，可以采取两种形式的一种
更新和绅士化运动	变换	中等	（净）减少	很少孩子	增加	低	

资料来源：保罗·诺克斯，琳达·迈克卡西.城市化[M]. 顾朝林，汤培源，杨兴柱，等译.北京：科学出版社，2009：398.

(3)衰落。生命周期最长的阶段,是住宅存量处于缓慢而稳定的磨损与折旧,地方逐渐老化、人口流动增加的一个时期。

(4)稀疏。结束时期的开始阶段,高的人口流动带来社会与人口变化,许多居住单元被变换与拆除。

(5)复兴、更新和绅士化运动。复兴阶段突然结束了生命周期,以新的地区性住宅形式开始了新的生命周期,通常这些住宅是高密度的形式,反映了邻里(现在)相对中心的区位。在某些情况下,更新与绅士化能够通过转换与再投资的方式延长生命周期(保罗·诺克斯、琳达·迈克卡西,2009)。

根据居民流动性高低对比以及邻里在社会人口特征方面所体现的社会人口稳定性与快速变化之间的简单对比,可分为四种类型(表4–6)。

表4–6 邻里变化类型

	经历主要/快速社会人口变化的邻里	经历不重要的/缓慢社会人口变化的邻里
经历高流动性的邻里	类型I a.由于区域内种族、社会或种族冲突而导致的快速变化。 b. 由于特殊群体对区域指定了高社会价值而造成的变化。 c.由于物质环境(特别是由于公共设施的区位)的快速磨损而造成的变化。	类型II a. 非柔性的住房,吸引家庭小范围的家庭形态。 b. 邻里是作为乡村和其他城市区域迁入者的过渡点。
经历低流动性的邻里	类型III a. 柔性住房,吸引许多家庭形态。人口缓慢地衰老,按同龄有选择性地迁出。 b.日益衰落的住房,按照社会经济背景选择性地迁入。	类型IV a. 具有严格结构的社会网络,特别是少数民族群体,使个体依靠他们的邻里。

资料来源:保罗·诺克斯,琳达·迈克卡西.城市化[M]. 顾朝林,汤培源,杨兴柱,等译.北京: 科学出版社,2009:399.

六、小结

城市社会空间体系的演化有特定的机制，该机制起因于社会发展带来的阶层分化。本章尝试用人本主义方法论探讨社会阶层化的居住行为模式，分析了社会阶层分化与居住邻里区之间的对耦关系。人们所属的阶层亚文化性左右着人们的生活行为，影响对应的行为场所类型，构成了社会空间单元及其结构的互动。因此，阶层分化与对应的邻里区构成互动，形成邻里区过滤与社区体系分异的互动规律。

第五章　社区体系空间结构剥夺与空间公正研究

一、剥夺和可获性的概念

剥夺(deprivation)是社会学的一个重要概念,可以分为绝对剥夺和相对剥夺。绝对剥夺指的是失去或者缺乏满足最基本生存需求的某种或某些资源,例如食物、衣服、庇护所等。而“相对剥夺”的概念是美国社会学家 Samuel Stouffer 于 1949 年在其经典著作《美国大兵》(The American Soldier)一书中提出的,它是指处于不利社会地位的人与处于有利社会地位的人相比较产生的一种失落感(王兴中等,2008)。

对相对剥夺的认识追根溯源,最早提出“相对剥夺”概念的是马克思,他在 1867 年出版的《资本论》中用一个形象的描述阐述了相对剥夺的内涵:“一座小房子不管怎样小,在周围的房屋都是这样小的时候,它是能满足社会对住房的一切要求的。但是,一旦在这座小房子近旁耸立起一座宫殿,这座小房子就缩成可怜的茅舍模样了。这时,狭小的房子证明它的居住者毫不讲究或者要求很低;并且,不管小房子的规模怎样随着文明的进步而扩大起来,但是,只要近旁的宫殿以同样的或更大的程度扩大起来,那么较小房子的居住者就会在那四壁之内越发觉得不舒适,越发不满意,越发被人轻视。”(马克思、恩格斯,1995)这一概念在 20 世纪五六十年代内被社会学学者广泛引用，现在引申到了人们对贫困以及涉及社会平等被剥夺的思考。

从马克思对相对剥夺概念的经典论述中可以看出，不同社会阶级之间由于利益竞争产生了对立，这使得一些学者对西方世界的平等观产生了质疑(陈强,2006),并产生对构建全新社会主义平等观的愿景。20 世纪 90 年代以后，中国居民的阶层意识开始显现。在社会转型时期,由于经济地位的相对变化,一部分人丧失了传统体制下的既得利益,由于本身能力或政策的限制,也未能获得改革带来的新利益，使自己在经济地位上处于相对剥夺状态（刘欣,2002)。

剥夺与可获性(availability)是一体两面的:提升某一城市资源的可获性,也就是降低了其剥夺水平,实现了社会公平。可获性理论(Availability Theory 亦称“存在性理论”)是美国经济学家克拉维斯(J.B.Kravis)1956 年在美国《政治经济》杂志 4 月期上发表的题为《可获得性与其对贸易商品结构的影响》一文中首先提出来的[①]，他认为国家间贸易是由获得某种商品的差异即供给弹性产生的。将此理论应用于城市资源对不同阶层的供给差异,同样有着合理成分,即获得城市资源供给水平的差异造成了城市空间可获性的差异。

二、剥夺的国内外研究进展

(一)国外研究进展

对社会剥夺的衡量，主要从剥夺要素与控制方面进行深入的研究,并创立了许多剥夺指数的评价方法。20 世纪 70 年代以来，英国社会学者 Townsend P.建立了社会贫困剥夺指数衡量方法(李博,2008);80 年代中期,Mack 和 Lansley 改善了 Townsend 的研

①资料来源:百度百科 http://baike.baidu.com/view/3657997.htm#1

究，提出了贫困主题需要剥夺指数（Majority Necessity Index，简称 MNI）（Mack、Lansley，1985）；90 年代，Hallerod 在总结与批评 MNI 的基础上提出了贫困比例剥夺指数（Proportional Deprivation Index，简称 PDI）（Hallerod，1994）；21 世纪初，Sebnem Eroglu 提出了贫困–生存剥夺理念，并建立了因子权重剥夺指数法（Factor Weighted Index of Deprivation，简称 FWID）（Sebnem Eroglu，2007）。

随之对剥夺的要素构成的研究转入对社会效应及社会公正方面的空间剥夺探讨。空间剥夺及其政策意义作为一个社会学概念，是一个描述资源分配阶层与社区间不公正的概念，也是解释城市贫困或弱势群体问题的一个重要概念。首先是从资源阶层分配角度分析，被剥夺的可能是物质资源，教育或文化等非物质资源，或生存和发展的机会（林顺利、张岭泉，2010）。比如，Carstairs V.，Morris R.研究了苏格兰的健康与贫困剥夺水平之间的关系，提出了尤斯泰姆指数法（Carstairs，Morris，1991）；Yitzhaki S.研究了相对剥夺、相对贫困与基尼系数的关系（Yitzhaki，1993）；Crampton P.等人结合实际情况提出新西兰剥夺指数（Crampton，et al，1998）；Chakravarty S.R.提出了相对剥夺与社会满意度，公平与福利评价方法（Chakravarty，2003）。其次，阶层与对应社区有空间关联，阶层剥夺就反映到社区的空间剥夺方面。资源的社区分配剥夺与不同的社会经济发展程度、社区资源与服务组织完善程度联系起来，空间剥夺主要探讨彼此区域间或社区间的关联机制（Niggebrugge A.，et al，2005）。

（二）国内研究进展

产生于西方的相对剥夺理论经过半个多世纪的发展演变，已经趋于成熟和完备，并广泛应用于社会与空间理论的研究之中。相对于西方的相关研究，中国学者对相对剥夺的关注要晚很多。国内学者对相对剥夺的研究进入21世纪才开始,最初的关注点集中在社会学领域,2010年前后才逐步扩展到对国外研究现状和趋势的系统介绍、以地理学的视角从空间公正构建的角度研究对应空间剥夺现象,以及社会公平等方面。

李俊是最早关注相对剥夺理论的学者之一,在《相对剥夺理论与弱势群体的心理疏导机制》中介绍了古尔对相对剥夺所做的界定,即相对剥夺的三种形式——价值、价值期待和价值能力。并在古尔理论的基础上,进一步指出了参照群体、过去的生活条件和公平理念是价值期待的主要来源(李俊,2004、2005)。认为弱势群体的心理疏导机制主要包括引导弱势群体选择合适的参照群体、帮助弱势群体正视现实和引导弱势群体树立正确的公平理念三个方面(李俊,2004);在《相对剥夺理论的价值论视角》一文中,他界定了相对剥夺的概念,借鉴了有关研究成果,从社会学的不同视角分析了相对剥夺产生的原因,最后得出结论,即相对剥夺产生于比较中,他的观点发展了相对剥夺理论(李俊,2005)。

从剥夺的定义以及一些早期的住房研究中，都表明剥夺关系会由住房形成,因此不断有学者关注住房制度改革与社会公正、社会转型关系的研究。住房制度改革的公正性研究。陈爱民(Aimin Chen, 1998)及王亚平(Yaping Wang,2000)认为,中国城市住房制度改革所导致的住房资源创新分配并没有消除住房领域中的不公平现象。李思明(Siming Li,2000)以广州市为案例研究证明居民的居住状况由所处的社会经济阶梯决定，单位是获取住房资源的最重要途径。

进入21世纪后,国内的社会学学者从社会公平构建的角度出发,运用相对剥夺理论对社会资源的剥夺及其水平进行研究,关注的焦点是农民工的相对剥夺问题。有的学者认为农民工在城市经济适应过程中存在着不少问题，其中最主要的问题是剥夺，相对剥夺也是威胁城市安全的潜在因素（肖倩，2011；王春林，2011）；认为“相对剥夺理论”作为一种社会学研究方式能够较好地解释农村流动人口犯罪现象的形成机理（陈炜、徐绫泽，2010）；消除农民工受到的绝对剥夺、相对剥夺、多阶剥夺和剥夺传染等问题，在制度方面任重道远（赵书霞，2011）；有的学者认为“二元”经济与社会结构在传统社会向现代社会转型时期广泛存在，在此期间，社会发展往往以牺牲农业和农民利益为代价，出现了社会剥夺现象，只有当工业化达到一定的水平，工业才有可能实行对农业反哺（吕庆春、伍爱华，2011）。此外，一些研究生的学位论文也涉及剥夺理论的社会学应用，探讨了犯罪问题（范嫣红，2011）。

越来越多的社会学和地理学学者将剥夺理论的研究扩展到更广泛的研究对象中。李汉林、李路路认为个体对单位的依赖性由单位成员获取资源的数量期望与实际收益之间的差距决定（2000）；林顺利、张岭泉认为获得水平还可以扩展到对非物质资源、生存和发展的机会的应用（2010）。空间是资源的聚集，也是种种策略得以实施的中介，一些地理学者将可获性理论由探讨资源获取扩展到对空间现象的研究中，认为不同的居住空间由不同的社会阶层主导，其个体的社会属性、行为方式等在空间上的差异表现，造成城市空间不断分异与重构（Niggebrugge 等，2005；王兴中等，2012；柴彦威等，2014）。有的研究发现城镇生活条件资源比乡村地区要完善，但是流动人口的被剥夺感反而更强，就是由于新的社会网络尚未建立的缘故（Aitken，1990；张鹂，2014）。此外，在以城市为对象的研究中，也反映出居住空间结构的变化在于对土地资源竞争能力的博弈（廖邦固等，2008）。所以，合理的规划应提供居民日常生活行为需求的各类资源，包括空间资源、基础设施资源和社会网络资源，其次要保证每个人都有机会接近这些资源，最后在保证最低限度的资源量的情况下，尽量丰富其种类、提高质量。但在经济原则的影响下，社会的建设总是以剥夺一部分社会成员利益的方向进行“上滤”，这就要求公正的政策导向和管理，在空间资源的配置过程中努力实现社会公平。

三、社会公平及空间公正研究

社会公平公正的论题存在已久，许多学者都基于自身的认识对其进行了各种界定。约翰斯顿(2004)对社会公正的定义是：“社会公正是指社会福利和负担的分配，以及这种分配的产生方式。社会公正正受到许多学科的关注，尤其是伦理哲学和政治哲学。”社会公正关注的焦点在于收入以及其他可以满足人们物质生活必需的资源的分配。地理学研究者对由居住所确定的人口分布更为关注，研究的角度侧重于“区域公正”。哈维(Harvey，1973)认为收入(广义的)在地域上的公正分配应该是：每个地域内人们的需求都应得到满足；资源按照能使区间乘法效应最大的方式分配，从而使分配有利于国家经济利益；额外的资源应分配给那些由于受自然环境和社会环境影响而有着特殊困难的人们，这里的环境应看作是分配的参照指标。如果恰好实现了公正的分配，那么最落后的地区的前景应变得尽可能的好，这与罗尔斯的观点如出一辙。从道德哲学观的角度进行解释，社会的不公正不仅仅是指分配结果的不公正，还包括社会上一个集团对另一个集团的压迫，这里不仅仅指正式的机构，还包括日常生活实践(Young，1990)。

《现代汉语词典》(第6版)对公平的定义是“处理事情合情合理，不偏袒哪一方面”；对公正的定义是“公平正直，没有偏私”。可见，社会公平正义就是社会各方面的利益关系得到妥善协调，人民内部矛盾和其他社会矛盾得到正确处理，社会公平和正义得到切实维护和实现，反映的是人们从道义上、愿望上追求利益关系特别是分配关系合理性的价值理念和价值标准。只要是有人群且有利益分配的地方，就必然会产生公平正义的问题。要准确把握公平正义的内涵，必须用历史的、具体的、相对的眼光来分析。

当代提倡的社会公平首先指社会权利的公平。社会权利保证社会的制度和非制度安排为社会主体的生存和发展提供平等的机会，减少由于性别、民族、种族、生活背景及资本占有情况等因素对生存发展权利的限制，从而保护每个社会个体的劳动、教育、就业等机会的平等。机会平等是公平正义的应有之义，是解决贫富差距的前提（江旭云、许斗斗，2006）。而公平理论讲的则是事物的相对性，所以也叫“社会比较理论”。相关调查和试验的结果表明，不公平感的产生，绝大多数是由于经过比较认为自己目前的报酬过低而产生的；但在少数情况下，也会由于经过比较认为自己的报酬过高而产生。

新人本主义认为，随着社会—文化进程人们对人本环境的体验，由地理空间自由、自主、机会与平等的前提下逐渐向社会空间自由、自主、机会与平等的平台上过渡，从生理需求向社会需求—尊严需求—价值需求方面深化。基于此，现存的城市空间不能对应满足社会空间的公正需求—文化尊严需求—价值保护需求。新人本主义以社会平等—空间公正、社会价值—空间尊严、行为自由—空间社会可进入的发展观为出发点，构建更加关注人的社会空间生活质量及其空间结构，不仅要关注城市各种类型人群的生活质量，还要关注不同发展水平人群的生活质量。“获得、平等、参与（Access Equity Participation）”的社会公正原则一直是当代人本主义思想的核心（图 5-1）。

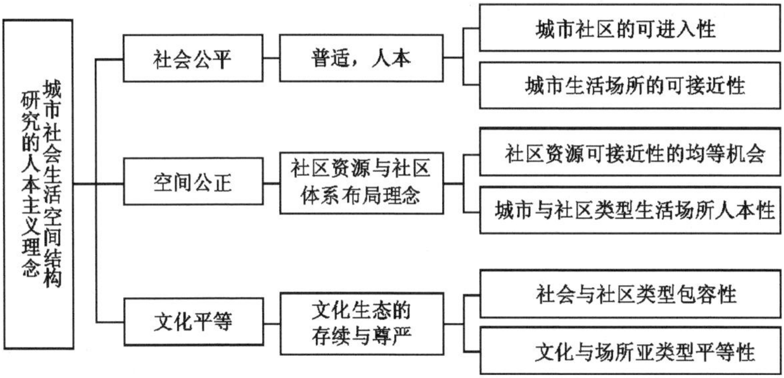

图 5-1　城市社会生活空间结构研究的人本主义理念

20 世纪 90 年代中后期以来，尤其是从 2004 年以来，随着和谐社会命题成为重大的时代议题，社会公正研究呈现出一种强劲的势头。从学科角度来看，社会学、经济学、哲学、政治学、法学、伦理学等众多学科介入了社会公正研究；从研究人数角度来看，大量的学者介入了社会公正研究；从研究成果角度来看，不少有关社会公正研究的专著相继推出，大量相关的学术论文几乎是加速度地不断发表；从研究质量的角度看，社会公正研究的学理依据开始受到重视，理论解释力开始趋强，经验研究和实证研究所占的比例呈上升势头，社会公正的整体研究也开始呈现出一种体系化的状态。更为重要的是，学术界对于社会公正的研究同现实社会对社会公正的吁求之间的关联度很高，形成了一种十分明显的呼应，社会公正研究直接影响到现实社会的发展走向。吴忠民(2007)分析了国内学术界研究社会公正问题的几个阶段及其背景，指出当前的研究主要在于贫富差距过大、社会阶层结构、效率与公平等问题，其基本理论涵盖公正、公平、平等近似概念的区分、社会公正的基本规则、分配和再分配中的公正问题等，未来的研究更应该关注基本理论、跨学科融合、相关社会利益协调机制等问题的研究。

陆学艺(2002)认为,现代社会的社会阶层之间互动的本质特征在于公平性、开放性和合理性。社会阶层结构的公平性主要表现在两个方面:一是不存在制度上区别对待的问题,不能把出身不同、种族不同或其他特殊品质作为竞争的先决条件,竞争的唯一条件是能力或业绩;二是对竞争有强有力的监督机制,违反公平原则的竞争会受到制止和惩罚。社会阶层结构的开放性是指,只要在竞争中遵循公平原则,那么每个人都可能拥有向上流动的机会,社会阶层之间不会存在相互屏蔽问题,边界是开放的。社会阶层结构的合理性更多地是指国家在配置资源和机会上要有效地发挥转移支付功能,提高竞争起点条件的均等程度,防止社会阶层差距的过分扩大,使所有人享受社会发展的成就。在社会中间层规模大的社会,社会资源的配置一般都比较合理,经济社会分配差距比较小,大多数社会成员能在经济发展过程中从事体面的职业,获得比较丰足的经济收入,生活比较安定。这样的社会中间层成为社会的主体,他们对社会的主导价值观有较强的认同,他们与国家稳定和发展的利益一致,他们同时也是经济发展中的主导型消费群体。在这样的社会阶层形态中,社会各个阶层之间的利益矛盾和冲突一般都不会很大,大多数社会成员很少对社会感到不满。这样的社会是最稳定、最可持续发展的。

吴忠民(2004)认为,社会阶层界域中公正的基本规则应当包括:第一,社会阶层之间的相互开放和平等进入。基于每一个社会成员平等的基本权利,任何阶层特别是具有较高社会位置的阶层都不应以任何理由人为地设置障碍,来排斥其他阶层的社会成员进入本阶层,以达到维护本阶层特有利益的目的。而且一个人只要是具备了某种能力,就应当有机会按照自己的意愿得到相应的社会位置。第二,各个阶层应当得到有所差别的并且是恰如其分的回报。在现代社会的条件下,只能按照贡献进行分配。按照贡献进行分配的公正规则体现了对社会各个阶层直接性贡献的承认(间接性贡献由社会调剂来体现),体现了对阶层之间、行业之间正当的、合理的差异性的承认。第三,社会各个阶层之间应当保持着一种互惠互利关系。这具体表现为:处在较高位置的阶层的利益增进不能以损伤处在较低位置的阶层的利益为必要的前提条件，相反，在较高位置的阶层的利益增进的同时,较低位置阶层的处境应当随之得到改善;处在相似位置的社会阶层之间应当保持一种协调的状态。

城市规划及城市空间环境建设中的社会公平问题，本质上与社会资源的“分配性冲突”相关,即涉及城市空间环境的质和量的分配(黄亚平,2009)。社会公正内在地规定着社会发展,决定着社会发展的性质和趋向。这包含三层意思:①公正是社会发展的核心价值;②公正是社会发展的根本动力;③公正是社会发展的最佳状态(李素华,2005)。不同阶层获得平等的发展条件的过程就是实现社会平等的过程，这要求城市资源在城市空间中公平地配置,消除阶层的差异,避免社会排斥及社会剥夺,另一方面要保护地方文化,帮助居民实现社区认同(图 5-2)。在社区规划中,要提供各类满足社区居民日常生活行为需求的资源,包括空间资源、基础设施资源和社会联系网络资源,其次要保证各阶层有机会接近这些资源，最后在保证最低限度的资源量的情况下,尽量丰富其种类、提高质量。在经济原则的影响下,社会的建设总是以剥夺下层居民利益的方向进行“上滤”,或者将一些耻辱性建筑建设在没有话语权的阶层居住空间范围内（王兴中等,2000;董屹、平刚,2009),这就要求公正的政策导向和管理,在干预城市土地使用及空间资源的配置过程中努力实现社会公平,促进社会和谐发展。

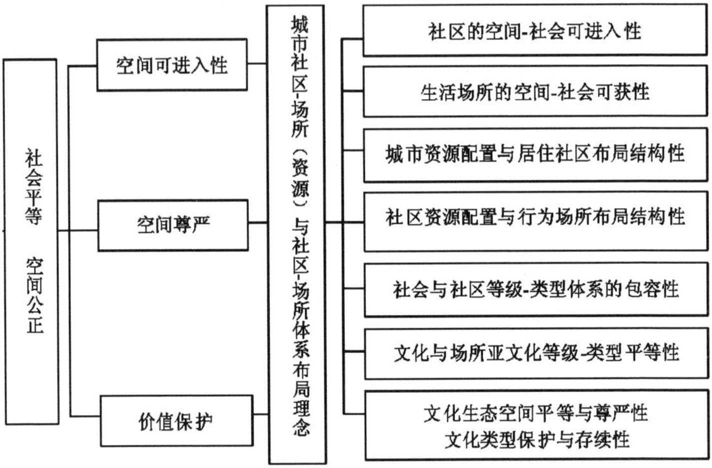

图 5-2　城市(社会)生活的社会平等与空间公正原理

四、社区体系空间结构剥夺研究

在学术论文中,“居舍”一词出现在讨论中国古代文人建筑与文化结合的议题中,本书所涉及的“居舍”为广义的住房。进入21世纪,人文地理学者开始把关注的目光投向住房的相对剥夺研究。有学者提出“地理学则从空间公正构建的角度研究对应空间剥夺现象”(王兴中等,2008),相对剥夺理论得到地理学者的广泛关注,开始应用到空间剥夺现象的研究之中,并进而引申到可获性研究领域。

国外学者认为,住房的类型和质量的获取取决于购买者的支付能力。都市空间因住房状况在大小、位置、基础服务设施和可获得性的提高程度等方面的性质和数量而截然不同。对于城市贫民而言,适宜住房的可获性是个关键问题。住房问题不仅指住房缺口的绝对数量,还包括现有的和新住房的质量问题,如不达标的住房和过度拥堵的住房,这些住房往往提供给城市移民,通常位于城市的边缘地带,不提供公共水电气和基础设施服务(马克·戈特迪纳,莱斯利·巴德,2013)。

中国的快速城市化使国家在总体上不能完全提供为适应快速城市化所必要的服务和基础设施，强势群体和强势区域基于区域之间的空间位置关系，借助政策空洞和行政强制手段掠夺弱势群体和弱势区域的资源、资金、技术、人才、项目、生态、环境容量,转嫁各种污染等一系列不公平、不合理的经济社会活动行为,区域剥夺现象日益突出(方创琳、刘海燕,2007;王春雷,2010)。中国城市贫困和剥夺具有在内城区重合、外围区分离的特点,产生了迥异于西方城市特征的城市贫困和剥夺的空间模式(袁媛、吴缚龙、许学强,2009)。在城市建设中要兼顾区位"效率"和社区"公平"的问题,使城市发展为所有城市居民提供生活环境的优化和生活水平的改善,城市规划的土地利用、公共资源分配和设施布局不能仅建立在物质空间评价基础上，还应考虑社会问题的空间分布和社会需求特征,关注城市社会空间的基础评价(袁媛、吴缚龙,2010)。所以,确保社区作为城市资源分配的基本空间单元，才能确保城市发展空间机制主体参与的公正性，以确保弱势群体生存和发展所必需的空间福利(林顺利等,2010)。

在理论探讨的基础上，中国学者对居舍剥夺的研究进一步向个案研究与实证研究发展。张沛、张中华(2009)以西安为个案,对案例区的社区设施可获性进行了评价，最后根据评价结果尝试性地提出了促进社区设施可获性的居住社区规划与保障策略；陈友华、吕程(2012)考察与分析了香港的公共住房制度沿革及其所带来的重大影响,认为"居者有其屋"的香港公共住房制度对多数港人来说实为剥夺，造成了作为发达经济体的香港社会中半数左右的家庭失去置房能力的现象。

从城市为各阶层提供居舍类型的公平与效率角度，学者们对社区规划理念、策略进行了基于社会公平理念的思考,认为伴随着经济快速发展出现了收入差距过大、财富分配不均的情况，在一定程度上违背了公平的原则，而住房分配的不公颇具代表性（李敏，2011）。目前中国的住房政策对中低收入家庭的住房保障缺乏公平性，政府对中低收入家庭住房保障的重视程度有待加强（张红霞、方冠群，2010）；且大量农民工被排斥在城市保障性住房的受益者范围之外，阻碍了农民工融入城市社会，也影响到了城市化进程及社会和谐（龚迪，2010）。对中美住房保障方式的研究认为，提供廉租房是目前解决城市弱势群体住房问题的最佳选择（李梦玄、周义，2011；望晓东、魏玲、刘小玲，2011），但是需要积极改变住房消费观念，推进住房金融市场，健全住房保障法律体系，建立多层次、分阶段的住房保障体系，强化政府尤其是中央政府的主导作用，以实现保障性住房市场的公平分配（王仲彦、申玲，2011；黄怡、周俭，2011）。

五、小结

西方学术界对剥夺的研究已产生一整套对剥夺指数评价的方法。21 世纪以来，发源于西方的相对剥夺理论开始得到中国学者的青睐，被应用到社会学、地理学等领域。但是由于认识和介入的时间相对较晚，以及制度体系的缺陷所致，研究相对滞后，主要为对社会问题的研究，对空间问题的研究关注不多，也没有专著探讨此课题，研究深度与广度都有待扩展。鉴于此，剥夺理论有着广阔的研究空间。

第六章　城市社区体系空间结构的可获性评价原理与方法

一、城市社区体系空间结构可获性评价的原理

(一)居舍类型可获性的构建思路

居舍是社区阶层化的物质表现，体现了居民认知层面的阶层化需求差异。社区体系的空间结构由不同等级和类型的居舍构成，一个社会区域内居舍类型越丰富,社区体系就越完整;居舍类型有缺失,则对应阶层的居住生活空间被剥夺,社区体系的结构就不完整。在城市社区文化生态分异过程中,由于文化、经济、政治等因素的影响,住房的区位效应导致阶层区位竞争,区位效应高的社区向阶层高的方向"上滤",区位效应低的社区向阶层低的社区"下滤"(楚静、王兴中、李开宇,2011)。在经济、政策等驱动力下,随着城市的发展,居舍类型体系不断更新,表现为高收入阶层的居舍越来越多,中低收入阶层居舍逐渐被淘汰。由此产生低收入阶层居住空间被剥夺,"上滤"为高收入阶层居舍类型,形成空间不公正的阶层化居舍类型重构现象。

人本化的城市社区规划必须先对城市社区体系的空间结构现状进行可获性水平评价,在此基础上,消除阶层化居舍类型剥夺、重构居舍类型供给的区位机会结构、建构完整的城市社区体系的空间结构、使各阶层拥有公正的居住空间并获得应有的尊严,这样相应的社会阶层才有对应的居舍类型可获性。

随着社会经济的发展，城市社会生活的空间目标就是建设各类社区等级–类型体系与场所的等级–类型体系，以满足各类阶层居民日常生活行为在空间或场所上可接近、可进入、可经历的需求。就社区的生活行为空间目标而言,其空间配置首先应满足居民对空间的“收入”“安全”与“健康”相协调的空间质量需求,其次满足社区居民社会阶层化行为对应的空间(王兴中,2009)。

(二)城市阶层化社区体系空间结构可获性评价理念

1.阶层化居舍类型可获性指数评价理念

消费伴随着人类社会的发展而发展，现代消费的本质为阶层消费。地理学认为消费者行为是指消费者对所需商品、服务等的购买直至消费的时–空连贯行为(柴彦威,2004),其阶层特性凝结了行为的空间阶层性特征。居舍是四类城市日常生活行为之一居住行为的基本消费品，居舍类型可获性反映社会公平的阶层空间公正性。一般在社会区域中心,由内向外形成居住圈层,居住的阶层由低到高。因此,不同类型的居舍到中心有一定的认知距离。由于居住社区的居舍类型可获性与对应阶层可接近的距离、居舍的类型与质量有关，因此阶层化居舍类型可获性指数评价模式的构建基于如下假设：在城市某一中心区域——即社会区域内,由该中心布局在所有区域的城市资源是均等的,居舍类型可获性由其到中心的距离、数量与质量而定。即从该类型居舍到所处社会区域中心的距离、该类居舍分布的数量、质量等级三方面设置评价可获性指数(图 6–1)。

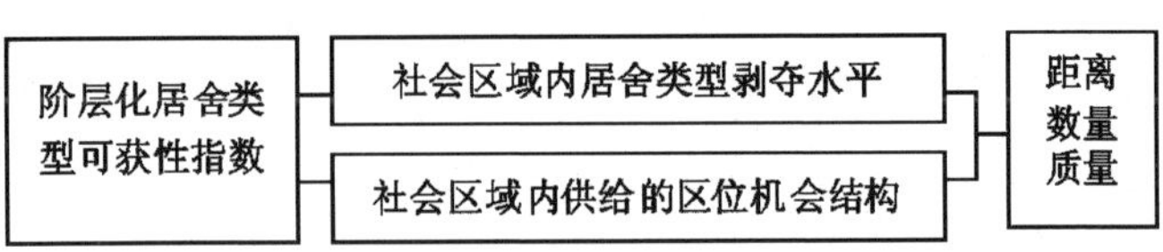

图 6–1　阶层化居舍类型可获性指数评价理念

2.阶层化社区体系空间结构可获性指数评价理念

社区是城市居民(社会)日常行为在空间的基本特征,即日常生活行为一致的城市最小单元,也是经济区位、社会文化区位效应一致的空间单元。不同阶层人群居住在不同的社区内,社区的居舍景观特征一致,居民社会生活行为也一致。因此也可用阶层化居舍类型可获性评价原理,借用阶层化社会区域概念来评价城市社区体系空间结构的可获性。假设:在评价城市某一中心区域——即社会区域,由该中心布局在所有区域的城市资源是均等的,居舍类型可获性由其到该中心的距离、数量与质量而定(图 6–2)。

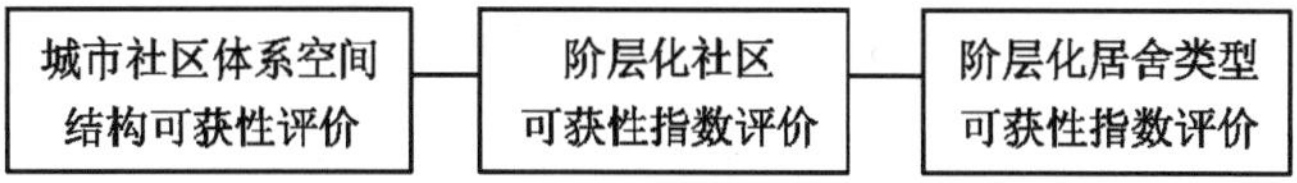

图 6–2　阶层化社区体系空间结构可获性指数评价理念

(三)城市社区体系结构可获性评价的基本操作路径

1.评价前提:判识城市资源空间均等性

如果城市的某社会区域,各种城市资源(路、电、气、水、网络、公共空间和绿地系统等)的布局均等,则该社会区域的可获性结构形成则有了物质的基本保证。

2.“居舍类型”或“社区类型”可获性水平评价

评价分为三部分:一是判断其质量与数量是否缺失,即评价剥夺水平。衡量的指标为该“居舍”或“社区”类型与评价社会区域中心的距离,若距离大于对应阶层居民完成日常生活路线的距离界值,则没有享有可获性的空间机会,视为缺失;二是判断其供给该类型的数量有多少;三是判断该类型的质量(等级)高低。评价的这三个方面即阶层化居舍类型在数量、质量和供给距离构成了居舍类型供给的区位机会结构。城市社区体系结构的可获性评价实质是对(无居舍剥夺水平下)居舍供给的区位机会结构的评价。

3.“居舍类型”或“社区类型”的空间判识途径

判识城市社会区域的“居舍类型”或“社区类型”空间类型有两种方法:一是传统方法,依据城市社会区域划分的原理判识;二是借用“断面图”的理念(徐进勇、李箭飞,2010),利用景观生态学的方法,以航片和高分辨率卫片为基本数据来源,从景观上区分。城市社区体系的空间景观构成,其空间最小单元往往以城市交通“网区”围合,这种围合与城市“断面图”结构相似。网区是有公共交通线(路)围合的最小居住区域(刘晓霞,2009),通常和城市社区或邻里区范围重合。网区对应相同的居舍景观或阶层社区。

4.城市社区体系结构可获性评价要素

从人们对居舍空间主客观综合认知的角度来看，居民会普遍追求居住环境的阶层化适居性和舒适性。居舍类型就成为使人体验对应生活空间质量的客观目标。居舍类型的客观可获性涵盖两方面:其一,居舍类型的(客观性)剥夺水平;其二,居舍类型的供给区位机会结构。

(1)居舍类型的(客观)剥夺水平。居舍类型的(客观)剥夺水平指整个城市的居舍类型满足对应阶层居民的程度，其分布数量及质量(等级)的水平及其结构反映了社区体系空间结构的完整性程度和剥夺水平。不同阶层居舍类型可获性的实现有两个方面:一要有充分的数量和对应的质量标准,二要有空间分布的可达性。居舍类型的数量由其在社会区域内分布的邻里区个数及其居舍数量构成;质量与对应阶层住房认知类型和社区资源组合相关,如住房的房间个数,住、浴、车结构,社区资源的数量及质量等级。

(2) 居舍类型供给的区位机会结构。居民在社会结构中的“区位”决定其利用生活质量资源的多少与获取生活空间的程度。也就是说,每个居民在城市生活空间中有其对应的社会区域及其确定的“居住区位”。因此,居民对居住区位的感知,是同其区位与日常生活路线联系的距离有关,它们构成了社区(或邻里区)居舍类型的空间机会模式。阶层日常生活路线即工作地与居住地之间的距离构成了居舍的区位结构,主要与工作地与居住地之间通勤的可达时间、可接近距离有关,还与居舍的社会效应区位要素有关。

在城市社区过滤的动态规律下,阶层居住社区的居舍类型可获性由三个环节决定:一是客观可获性,即物质空间数量与质量供给的结构(即剥夺模式),二是阶层的动态可接近性,三是居舍类型供给的区位机会结构。当距离超过日常生活关联区位时,该居舍就无客观可获性。在减少社区剥夺与提升居舍类型可获性的途径中,还要增强城市公共空间的网络通达性以减少空间阻隔,改善城市资源的供给水平,使社区的区位可接近效应得到提升,从而构建完善的城市社会区域空间结构体系。

二、城市社区体系空间结构可获性评价的方法

城市生活空间质量观认为,城市生活空间质量体现在生活空间行为的社区体系与场所体系的结构上。城市社区体系是城市生活空间质量的区域基础,其结构的不健全将使对应阶层人群失去以居舍为主的生活空间。社区体系结构可获性的大小能促进或减少居民居住生活的健康性与生活质量的高低,提高这种可获性,可在消除“空间剥夺”的基础上,通过“重构空间机会”结构原理进行调整。从阶层(化)居舍类型入手,评价城市社区体系的结构水平。

(一)可获性评价的数量方法

20 世纪 90 年代以来,西方学者对社区资源可获性研究已形

成了完整的剥夺指数数量化原理，主要采用的方法为构成资料(compositional data)数量法(Townsend P.,1987;Carstairs V.,Morris R.,1991;Crampton P.,Salmond C.,Sutton F.,1998)、背景指数(contextual data)法(Kearns A.,Gibb K.,Mackay D.,2000)和社区资源可获性指数(CARI)的GIS方法。

CARI的GIS方法最初是用于研究社区设施资源对居民日常生活难易程度的影响,反映家庭生活质量与社区服务设施的关系,主要的手段是度量居住地周边物质、社会、服务环境的可进入性(Kearns, et al.,2000),从而提高居民的社区认同感、增强公共交往效果,体现了对"人本性"社区环境的关注。由于人类生活中的信息都与地理位置和空间分布有关,GIS的应用就可以直观地体现研究对象空间分布的现状。可获性的测度方法有三种:同等机会测度法(Joseph, et al.,1984)、"时-空测度法"(Kwan,1999)和综合的GIS方法(Witten, et al.,2003)。

(二)城市社区体系空间结构(居舍类型)可获性评价的GIS方法

由于至今尚未有专门针对居舍类型可获性的研究，因此借用CARI的GIS方法,对社区体系空间结构(居舍类型)可获性进行评价。

该方法首先将"可获性"定义为:距离每个社会区域(或社区)中心最大范围内的居舍类型的数量与质量的量化加权总和。其特点是:①各测度区域内的居民对居舍均具有相同的"接近时间";②用"最大可获距离"测度各类居舍的可获性差异,超过此距离则该类居舍对阶层不具备可获性,既可以使居舍类型的供给(数量)具有可比性,又可以判识居舍类型可获性的空间变化;③用测度区域内居舍类型构成揭示测度区域(社会区域或社区)内居舍类型的可获性。具体操作步骤如下:

(1)首先,确定测度区域(社会区域或社区)的空间界限,使居民对区域中心具有相同的“接近时间”。行为调查中不同阶层的居民由于出行方式的差异，其相同接近时间内可以到达的最远距离差距较大(表 6-1)。

表 6-1 不同阶层出行方式及可达距离

不同阶层	出行方式	相同接近时间内可达的最远距离
低收入	步行、自行车	近
中低收入	公交、电动车	中
中高收入	汽车	远

(2)再用“最大距离”测度各居舍类型的可接近距离的差异。因为不同居舍类型在测度区域内分布在与区域中心不同的距离上，是形成不同规模空间(如邻里区、社区)差异的原因。

(3) 分别以社会区域和社区为研究单位，量化居舍类型的距离、数量、质量指标，综合揭示(某一社会区域或社区的)居舍类型可获性。

以上方法均基于对居民的行为调查。由于居民的文化、意志能反映到人的行为上，在对环境-行为进行调查时，可采用行为图示法、访谈法，调查者不是作为一个专家去观察行为，而最好是以一个参与者的角度在日常行为中观察。在对居舍类型剥夺的调查中，主要观察各种类型居舍的对应阶层的行为，在访谈式提问中对通勤距离和影响生活质量的重要因素予以记录和补充，以完善问卷设计的不足。在对调查结果的分析中，一些难以描述的社会因素均可用认知因素表示，并加以量化(如质量等指标)。

(三)城市社区体系空间结构(居舍类型)可获性评价的操作模式

本书研究的对象为城市社区体系结构的可获性，其表现是不同社会区域(或社区)内各阶层对居舍类型的可获性差异。由于居舍也是一种特殊的资源，因此，利用 CARI 的模式，采用综合的 GIS 方法，评价操作模式见图 6-3。

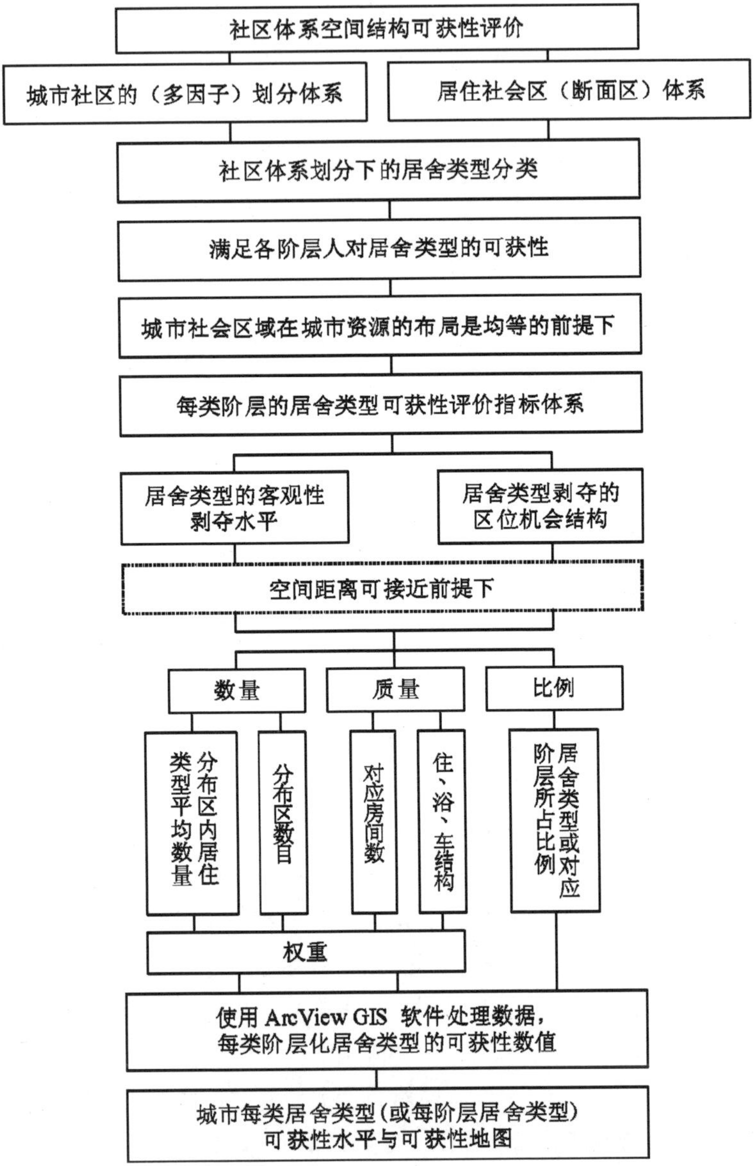

图 6–3　社区体系空间结构可获性评价的 GIS 方法操作模式

根据此模式，使用 GIS 软件，应用地理编码（或相应地址）将地图坐标和居舍类型所处位置对应起来，设置地图投影为等距投影，建立研究区域居舍类型属性数据库（table）和空间数据库（view）。

具体步骤分为建立数据库、数据处理、社区体系可获性地图绘制。

（1）建立数据库。对案例区划分社区体系，围绕各级区域中心，划分社会区域、社区，根据居舍类型一致性划分邻里区；根据卫片和实地考察确定每个社会区域、社区、邻里区内的居舍类型；通过实地考察和行为调查，确定案例区内阶层情况、阶层对应居舍类型的可获距离；对不同阶层进行行为调查，确定其可获距离内居舍类型的数量与质量信息。

（2）数据处理。对每类居舍计算其社会区域（或社区）的标准值，通过赋值于各类居舍类型的权重，保证每个一级指标有相同的权重。分别以社会区域（或社区）为单位计算某一居舍类型对应样本的距离指数、数量指数、质量指数（统计对应样本标准化量化后的均值），然后将这三个指数相加并加权，即得到该社会区域（或社区）该居舍类型的可获性指数（Maddison R., et al.,2008），见公式（6.1）。最后将社会区域内各居舍类型的可获性指数相加得到案例区居舍类型可获性指数，将社区内各居舍类型的可获性指数相加得到社会区域居舍类型可获性指数，即判断社区体系空间结构可获性的依据。

$$A_i=\sum \rho_j(D_j+N_j+Q_j) \tag{6.1}$$

其中：A_i 表示第 i 个社会区域（或社区）的居舍类型可获性指数；i 表示第 i 个社会区域（或社区）；j 表示第 j 种居舍类型（j=1,2,⋯,n）；D_j 表示研究的社会区域（或社区）内对应样本对第 j 种居舍类型的距离指数；N_j 表示研究的社会区域（或社区）内对应样本在可达距离内对第 j 种居舍类型的数量指数；Q_j 表示研究的社会区域（或社区）内对应样本对第 j 种居舍类型的质量指数；ρ_j 表示第 j 种居舍类型在所有居舍类型中的权重。

(3)绘制可获性地图。将上述分析得到的数据与地图相结合，得到社会区域(或社区)居舍类型可获性地图,可以直观体现社区体系不同空间内的居舍类型可获性水平，作为判识社区体系是否完整,对社区内各阶层是否公平的根据。

三、小结

本章对城市社区体系结构可获性评价的原理和具体方法进行了系统探讨。首先论述了城市社区体系结构的客观可获性内涵及构建思路，提出了基于阶层化的社区体系结构可获性指数评价理念。其次，系统地阐释了城市社区体系结构可获性评价的操作路径。最后根据国内外社区资源可获性研究的理论,提出了城市社区体系结构(居舍类型)可获性评价的 GIS 方法操作模式。

第七章　太原市城市社区体系空间结构的可获性评价

一、案例区的选取

（一）太原市城市社区体系的现状

对城市社区体系的研究，已有学者对北京、上海、西安、南京、广州做出案例分析，主要的方法是多因子分析法。但此方法作为一项基础性研究，需要大量的社区数据，工作量巨大，目前还没有运用该理论对太原市社会空间进行科学系统的划分研究。

已有的太原市城市（空间）功能区域划分的研究，主要是从规划角度进行探讨，如从产业布局的角度认为太原市主要有 9 个工业区，应以其为中心配套建设居住区及绿化带（张春祥、靳晓慧，2000；张春祥、王富华，2000）；有的从土地利用的角度，认为太原市空间结构形态由于地形限制必然向南以带状发展，这就要求协调老城改造与新区开发（杨东林，2005；李国伟，2008）；对太原市区街道网络的研究，认为未来太原城市空间拓展的最佳模式应借助已初步形成的南部及东南部交通网络等基础设施，有步骤有计划地进行城市拓展（李小兵，2009）；从认知角度对太原市居民调查，表明太原市商业区域以迎泽大街、长风大街、朝阳街为核心，工业区域主要在河西和城北，居民理想的居住地点为靠近公园、汾河及城市南部的新开发区域（张侃侃，2009）；太原市城市规划设计研究院近年来进行了太原市城市总体发展战略规划研究及多项专项研究，如太原市主城区容量研究、太原市综合交通规划等专项规划，太原市城市色彩规划研究、太原市绿线控制规划、太原市户外广告设置专项规划、太原市消防专业规划，均体现了城市功能区划特征。

鉴于对太原市功能区划还没有公认标准，本研究的重点在于可获性的评价，因此选取基本行政区划单位作为案例区，方便资料的获取。在对太原市市域范围进行先期实地考察时，判识出太原市的居舍共有四个类型、八个亚类（表 7–1），而小店区坞城街道办事处辖区有居舍类型的全部四个类型和七个亚类，仅缺失别墅亚类。且其辖区范围内许多社区为同类社区中较为典型的，如太航社区为典型的“小社会”单位制社区；山大社区为太原市最早最大的高校社区；学府西社区内为太原市每平方米单价最早突破 1 万元的豪华公寓；锦绣苑社区为最新成立的社区，由高档型商品房构成，是城市重心南移过程推动土地开发的直观体现；许西村及坞城村两个村委会级社区单元，也是很典型的城中村社区。因此，此案例区在居舍构成方面极具典型性和代表性。

从基层管理的角度，街道办事处是城市化的基本行政区划，下辖若干社区居民委员会，或有极少数的行政村，是市辖区人民政府或功能区管委会的派出机关，受市辖区人民政府或功能区管委会领导，行使区人民政府或功能区管委会赋予的职权。太原市的社区是在街道办事处之下成立的居民自治机构，在保证居住区的完整性下，以街道为边界、以居民传统交往习惯为基础进行划分的。此类社区没有任何行政权力，但担负着政府与个人、家庭之间的直接对接，与居民日常生活密不可分，特别是对退休

表 7-1　太原市居舍类型认知构成体系

居舍类型体系		认知构成
居舍类型	居舍亚类	
豪华型住房	别墅	低密度高档住宅,每户面积在 $300m^2$ 以上,有独立的庭院和私家车库,每户 2 个车位;环境安静,门禁严密,围墙高大;配备幼儿园、中小学以及高档酒店、花园式休闲商业、高尔夫球场等设施;无公共交通站点,远离市区的丘陵地区
	豪华公寓	高层公寓式大厦,每户面积在 $260m^2$ 以上,每户 1.5 个车位;以住区内老年人及儿童为主要服务对象,针对成人提供以双休日的社区活动为主要内容的服务;周围配置五星级酒店、私人休闲会所;门禁严密,在高速入口趋向市区的位置布局
高档型住房	住宅小区	高层、小高层住宅,每户面积 120—$180m^2$,每户 1 个车位;小区内实行人车分离,提倡步行安全性,环境设计优美,有专门的公共空间和游憩场所;附近有大型购物广场,沿街底层有便利店和小饭店,社区内底层多开发为美体健身项目经营;配备幼儿园、小学、卫生服务中心;位于交通便利的城郊结合带的新开发地区,是建设中的主要居舍类型
标准型住房	标准舒适型	6 层楼房,建于 20 世纪 90 年代末期,每户面积 90—$1150m^2$,多为单位制住宅,少数为早期的商品房小区,工作地点与居住地点以围墙、栏杆或道路分隔;没有地下停车场,人 SS 车混行,基本服务设施齐备,是目前太原市的主要居舍类型
	标准边缘型	4—16 层砖混式楼房,建于 80 年代,每户面积 40—$170m^2$,楼房之间配备一排平房的储物室,绿化率少,道路狭窄不利于车行,住房设施老化,外观与城市现代化风貌不符,多为企业退休职工宿舍
低劣型住房	平房	位于老城,没有现代化的水、暖、气设施保障,年久失修成为危房,私搭私建现象严重,多分隔为 4—$110m^2$ 的住宅用于出租;周边商业为临街小门面,没有娱乐场所
	自建楼房	城中村的房屋类型,楼距小,每间房屋为 $10m^2$ 左右,用于出租和自用;水、电为私人或村集体修建,线路混乱,没有集中供热,冬季烧小锅炉,环境污染严重,没有绿地;周围的商业为流动摊贩和小饭店,娱乐场所主要是网吧
	其他	临时性搭建住房,棚户区,或店面与住房合二为一

人员的生活有着很大的影响。这样，不打破原有的居委会建制，可以保护和树立常住居民的认同感，又方便社区自治管理和资源共享。一般的社区规模是在街道以下，包括几个居民区（居住小区或驻地单位），户数在1500—2000户，但是遇到大的企业、学校等单位时，为了维护单位的完整性，也会产生居住（人口）规模特别巨大的社区。

太原现辖六区（小店区、迎泽区、杏花岭区、尖草坪区、万柏林区、晋源区）三县（清徐县、阳曲县、娄烦县）一市（古交市）、两个国家级开发区（太原市国家经济技术开发区、太原市国家高新技术开发区）、两个省级开发区（太原民营经济园区、太原不锈钢生态工业园区）。案例区位于小店区，是太原市建成区最南端，相对于太原市建成区的具体位置与范围示意见图7-1。小店区辖6个街道办事处（坞城街道、营盘街道、北营街道、平阳街道、黄陵街道、小店街道），1镇2乡（北格镇、西温庄乡、刘家堡乡），共78个社区居委会和98个行政村。

根据太原市民政局编制的《太原市区街巷地名图（第4版）》，案例区在太原市建成区的位置与范围示意见图7-1。

（二）太原市居舍类型的确定

根据Hartshorn的研究，美国的居舍类型分为7类，这些类型都与社会阶层的购买力和人群的比例相适应（表4-4），共同构成美国70年代社区体系的空间单元。现阶段中国的社会-文化进程接近70年代美国的情况，都经历了快速发展的城市化时期，面临着经济发展趋缓、城市社会问题增多等现实，又由于土地所有制、政策等方面的差异，在太原市的调查中，以美国7类居舍认知类型为基础，基于实地考察和访谈的判识，以及对卫星地图住宅形态差异的解读，划分出太原市居舍类型认知构成体系（表7-1，图7-2）。

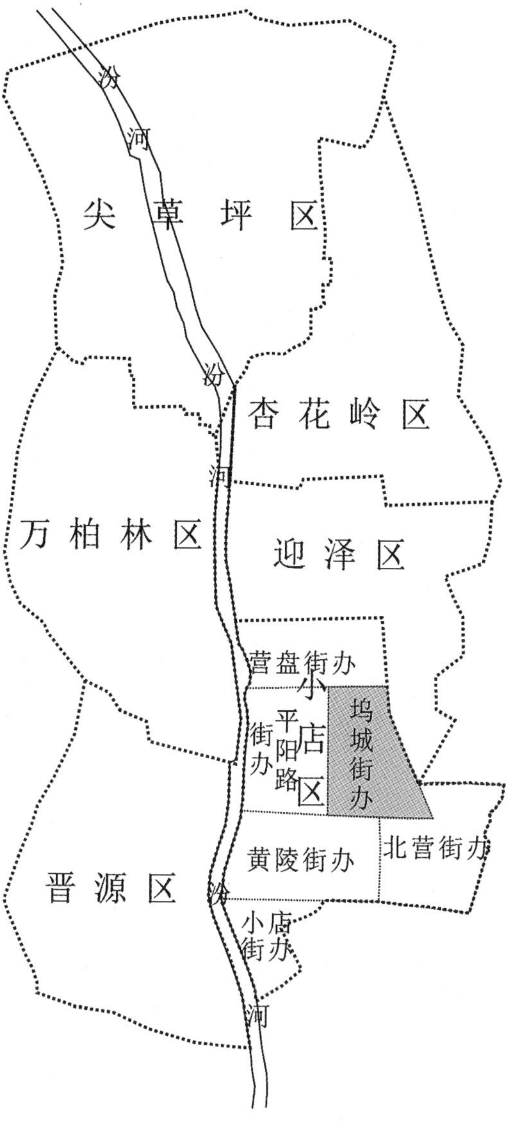

图 7-1　案例区在太原市区的位置与范围

注:图示仅为太原市市区建成区部分。

别墅　豪华公寓　住宅小区　标准舒适型

标准边缘型　平房　自建楼房　其他

图 7-2　太原市主要居舍类型

居舍是构建阶层化社区的物质条件，也是形成社会阶层化的基础条件。太原市居舍类型分化主要从阶层化住房认知类型的经济属性、社区安全空间建构模式、社区环境、区位进行分析。居住分离的经济属性体现在主观和客观两方面，主观方面是由于阶层化需求产生的购物场所和休闲-娱乐场所类型的消费类型分异，客观方面是居住区位和房屋造价引起的住房价值的差异和产权的不同；社区的安全空间建构体现在空间隔离的类型与程度上；社区环境包括人文环境、基础设施条件、景观环境等；区位因素指距干道、客运节点、商娱区的距离。

（三）案例区的城市空间结构

案例区选择坞城街道办事处部分辖区，地域范围包括亲贤北街以南、建设南路—太榆路以西、南中环街以北、体育路以东的区域，总面积 6.8km²，人口约 11 万。此区域集中了太原市原南城区（1997 年之前的建制）的大部分建成区，包括多个高等院校和科研机构、单位制机关和制造类企业，这些单位制小区具有家属居住、生活、购物区域,相对比较封闭,处于原来城市与郊区过渡区位,由于城市的扩展,侵入了原来的郊区村落,形成了以服务学校和医院的次生型城中村,导致管理和城市形态的复杂性。

案例区内主干道为东西向的亲贤北街、长风大街、学府街、南中环街,南北向的体育路、并州路—坞城路、建设南路—太榆路;次干道为东西向的太堡街、坞城西街—坞城东街、师范街、许坦西街,南北向的党校路、军民路、坞城中路。各级道路围合形成了以商业、综合服务业为主的各级中心,服务于周围多个社区的居民。一级中心为社会区域中心,兼有社区中心的职能,如太航、武警医院、学府公园;二级中心为社区中心,以为本社区居民提供日常生活设施为主,如东太堡、绿军苑(图 7-3)。

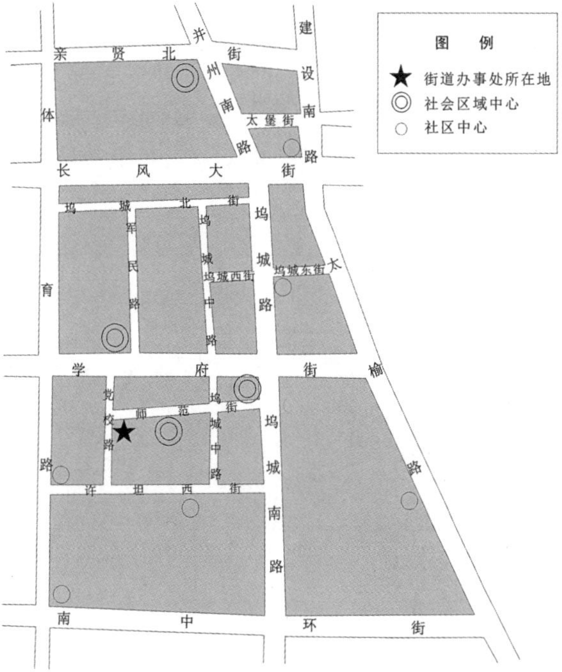

图 7-3 案例区范围及空间结构

(四)案例区的社区体系空间结构的划分

根据社会区域形态学划分方法,以建筑景观、居舍形态分异特征为主导,以建筑景观区内部的社会特征相结合作为形态区划分的基本原则,自上而下对实际土地利用类型及其居住的社会空间相互关系进行形态分区划分。对社会区域的判识按照土地利用类型差异;对社区的判识按照居舍景观及周围环境特性;对邻里单元的判识按照人口的社会特征,特别是职业属性来划分,以上三方面都要保持道路边界的完整性。具体参考的因素有:阶层化住房认知类型(户型、面积、房价、外观)、社区安全空间建构模式(门禁、围墙、开敞)、社区环境(人文环境、基础设施条件、公共空间—绿地景观环境)、购物场

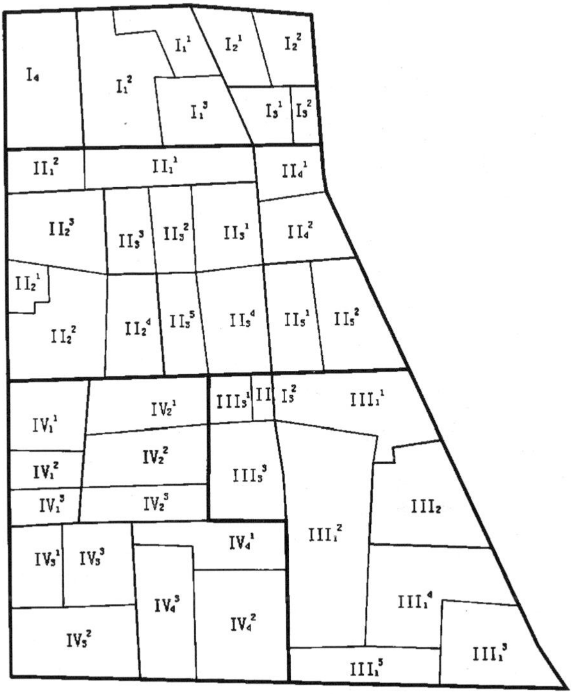

图 7–4　案例区社区体系划分示意图

所和休闲-娱乐场所类型的消费类型、区位(距干道、客运节点、区域商贸中心的距离),结合卫星图像和实地考察照片分析。案例区可分为4个社会区域、16个社区、43个邻里区(图7-4)。

案例区内有4大类7小类的居舍类型,其中,标准型住房比例最大,低劣型住房以城中村村民自建楼房为主,社会区域Ⅳ中有较为集中的高档型住房。主要居舍类型的卫片图像与外观形态对比见图7-5。

豪华型　　高档型　　标准型　　低劣型

图7-5　主要居舍类型的卫片图像与外观形态对比

1.单位职住型社会区域(Ⅰ)

居住空间特征:街坊单位制社区,居舍类型以80—90年代砖混6层单元楼为主,2005年以后开始出现20层以上的高层宿舍楼;以市级次干道和围墙围合空间,有门禁;单位内有卫生所、幼儿园、小卖部;几个单位在区域商业中心共享超级市场,购物场所类型为临街底层商铺。

范围:北至亲贤北街,南至长风大街,东至建设南路,西至体育路。

分区序列:本区分为4个社区,8个邻里区(表7-2)。

表 7-2　社会区域Ⅰ分区序列

社会区域名称	社区序列	邻里区序列
Ⅰ单位职住型社会区域	I_1 太航社区	I_1^1 太航综合服务区
		I_1^2 太航职工住宅区
		I_1^3 太航厂区
	I_2 并南一社区	I_2^1 煤科院
		I_2^2 建苑小区
	I_3 并南二社区	I_3^1 物资集团
		I_3^2 东太堡
	I_4 亲贤小区	–

主要居住形态区特征：本区有大型企业太航(I_1)，其服务区内有大型超市、医院、酒店等多种设施(I_1^1)，服务于整个社会区域；东太堡(I_3^2)是本社会区域另一个商业中心；周围有多个单位制社区，以及布局规整的干部住宅小区(I_4)。

2.职教型社会区域(II)

居住空间特征：原来的城郊结合部，存在城中村，由于城市发展造成土地利用类型的变化，城中村外围新建了高层的住宅小区，虽然房屋类型与城中村自建楼房有很大差异，但是其管理仍属于村委；城中村成为此区域主要的商业提供者；由于省政府将迁入这一社会区域，带动了周边地区新一轮的开发。

范围：北至长风大街，南至学府街，东至太榆路，西至体育路。

分区序列：本区分为 5 个社区，15 个邻里区(表 7-3)。

主要居住形态区特征：本区有多个中小学及大专院校(II_1^2、II_3^1、II_3^2、II_3^3、II_3^4、II_5^1)，学校周边形成临街布局的小卖部等商业设施；混合有一些单位的家属区，主要为一般职工居住区；有居民娱乐、游憩的学府公园(II_2^2)，是本社会区域的一级中心；紧邻案例区内唯一的豪华公寓学府苑(II_2^1)。

表 7–3　社会区域 II 分区序列

社会区域名称	社区序列	邻里区序列
II 职教型社会区域	II_1 八一社区	$II_1^1$1933 所
		II_1^2 二体校
	II_2 学府西社区	II_2^1 学府苑
		II_2^2 学府公园
		II_2^3 鑫苑小区
		II_2^4 坞城村委会
	II_3 坞城路西社区	II_3^1 山大附中
		II_3^2 九一小学
		II_3^3 三十八中
		II_3^4 经贸学校
		II_3^5 省人事厅
	II_4 坞城路东社区	II_4^1 农科院
		$II_4^2$1933 所家属区
	II_5 学府东社区	II_5^1 铁技校
		II_5^2 铁三局家属区

3.高校文教型社会区域(III)

居住空间特征：校园内分为教工生活区、教学区、学生生活区；校园周边存在次生型城中村，主要经营项目为旅馆和小饭店；校园内生活设施全，半开放，周围单位和城中村居民可以利用某些资源(如体育场、花园等)。

范围：北至学府街，南至南中环街，东至太榆路，西至坞城中路—坞城南路。

分区序列：本区分为 3 个社区，9 个邻里区(表 7–4)。

表 7-4　社会区域 III 分区序列

社会区域名称	社区序列	邻里区序列
III 高校文教型社会区域	III_1 山大社区	III_1^1 山大教工老区
		III_1^2 山大教学及服务区
		III_1^3 山大教工新区
		III_1^4 山大学生宿舍区
		III_1^5 电建一公司
	III_2 许西村委会	III_2 许西村
	III_3 坞城南路社区	III_3^1 省建校
		III_3^2 绿军苑
		III_3^3 公路局

主要居住形态区特征：本区主要以山西大学（III_1）为中心形成服务区，教工与学生的生活区相对隔离，在学校校门周边形成不同档次的商业服务区（III_2、III_3^2）。

4.混合开发型社会区域（IV）

居住空间特征：东部为新中国成立时依托高校产生的城中村街坊，西部为 2008 年体育路开通后逐渐发展起来的以中高档住宅小区为主的社会区域，由于社区周边商业尚未成熟，仅有临街底层餐饮业，所以仍由城中村及周边地区提供其他服务业；社区内部均有公共绿地、幼儿园和物业设施，出行交通便利。

范围：北至学府街，南至南中环街，东至坞城中路—坞城南路，西至体育路。

分区序列：本区分为 4 个社区，11 个邻里区（表 7-5）。

表 7-5 社会区域 IV 分区序列

社会区域名称	社区序列	邻里区序列
IV 混合开发型社会区域	IV_1 开元社区	IV_1^1 省委党校教学服务区
		IV_1^2 省委党校家属区
		IV_1^3 开元小区
	IV_2 师范街社区	IV_2^1 坞城村南
		IV_2^2 武警医院
		IV_2^3 煤管院
	IV_3 锦绣苑社区	IV_3^1 锦绣苑北区
		IV_3^2 锦绣苑南区
		IV_3^3 通宝育杰学校
	IV_4 北张村委会	IV_4^1 北张小区
		IV_4^2 北张村

主要居住形态区特征：本区有省级的特殊职能医院（IV_2^2）；城中村（IV_2^1、IV_4^2）提供了大量流动人口的住房，形成低档小餐馆、小卖部的商业街坊；原来的农田新开发为住宅小区（IV_1^3、IV_3^1、IV_3^2），以高层、小高层为主要住宅形式，内部规划整齐美观，但是周边商业还没有完善，仅有部分临街底层店面。

二、案例区居民基本情况分析

2011 年 10 月到 2012 年 2 月，在案例区共发放调查问卷 474 份，回收有效问卷 397 份，有效回收率为 83.75%。本调查采用基础数据搜集、实地考察、问卷调查、数量分析、GIS 制图相结合的方法实现太原市城市社区体系可获性评价。对调查问卷量化后的数据运用 SPSS17.0 中的单因素方差分析方法和多因素方差分析方法进行分析。案例区居民的基础数据统计情况见表 7-6。

表 7–6 案例区居民基础数据统计表

居民属性 \ 比例(%) \ 社会区域名称		社会区域Ⅰ	社会区域Ⅱ	社会区域Ⅲ	社会区域Ⅳ
性别	男	59.81	49.43	52.58	57.43
	女	40.19	50.57	47.42	42.57
年龄	0—18 岁	5.61	8.51	8.46	2.97
	19—40 岁	58.88	63.83	58.70	73.27
	41—60 岁	28.97	23.40	29.78	23.76
	61 岁以上	6.54	4.26	3.06	0.00
职业	管理阶层	26.78	17.24	11.95	12.26
	私营企业主	8.04	4.60	9.78	17.93
	中间阶层	15.17	33.33	16.30	19.81
	工人阶层	21.43	19.54	15.22	9.43
	城中村村民	5.36	16.09	19.57	11.32
	自雇佣者	16.96	8.05	17.39	17.93
	其他	6.25	1.15	9.78	11.32
月收入	1000 元以下	22.43	20.22	12.37	17.82
	1000—2000 元	33.64	36.17	19.59	22.77
	2000—3000 元	18.69	23.40	43.30	19.81
	3000—5000 元	21.50	19.15	22.68	26.73
	5000 元以上	3.74	1.06	2.06	12.87
总样本数(单位:个)		112	87	92	106

从统计结果中可以看出,调查对象性别比例差别不大,女性略少。

年龄构成方面，调查对象主要为19—40岁年龄段的居民，此年龄段的居民正是社会生活与工作中的主要参与者，其认知的特征体现了大众需求；年龄在60岁以上的居民总体比例小，因其主要活动范围为家和小区老年活动场所，所以在社会区域的大范围来看，其所占比例小；社会区域II和III中年龄在18岁以下的居民比例最大，多为从事服务业和无业的居民。

反映阶层特性的主要因素为职业和收入。

在本调查中，将职业分为七类（图7-6），其中，“其他”一类主要是失业、无业和自由职业的人员。社会区域I中管理阶层、工人阶层和自雇佣者比例较大，体现了干部居住社区和工人居住社区服务性强的特点；社会区域II有多个企事业单位的家属区，因此中间阶层和工人阶层的比例较大；社会区域III中主要为学生和教师（中间阶层），依托大学发展起来的城中村低档商业街区和零售服务业中档商业街区中城中村村民和自雇佣者比例较高；社会区域IV中管理阶层和私营企业主相对其他职业较多，“其他”类职业是四个社会区域中比例最大的，由于此区域内集中了很多新开发

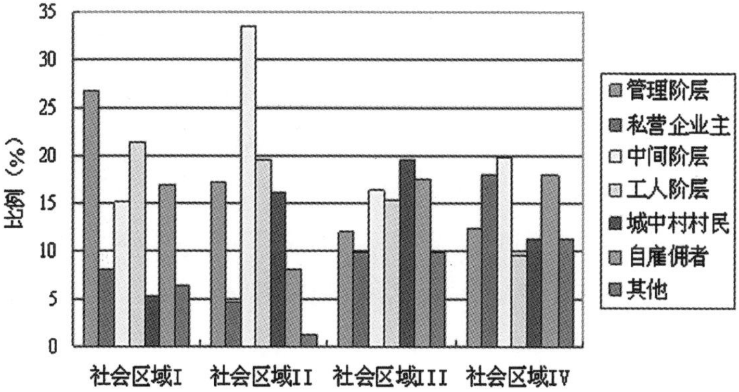

图7-6　案例区居民职业构成示意图

的住宅小区，居民以外地人居多，房价相对于单位制社区较高，因此此区域的工人阶层是最少的。

四个社会区域的收入水平见图 7-7，各社会区域中月收入在 5000 元以上的比例都是最少的，说明太原市的经济发展水平还不是很高；另一方面，各类社会区域的收入构成有较大差异。社会区域 I 和社会区域 II 均以月收入 1000—2000 元水平最多，其他差别不大；社会区域 III 以月收入 2000—3000 元水平为主，几乎达到一半，说明学校教职工收入较稳定且相对企业职工收入较高，但高收入者很少；社会区域 IV 各收入水平的比例相当，高收入比例最大，达到 10%以上。结合图 7-6，社会区域 III 和 IV 的阶层结构都比较均等，但收入水平相差较大，说明社会区域的功能定位与居住空间分异的阶层性相关。

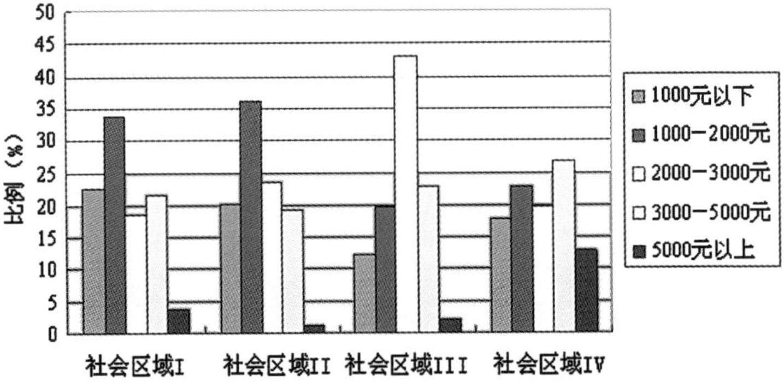

图 7-7　案例区居民月收入水平示意图

三、案例区居舍类型空间结构可获性评价

（一）评价指标体系的建立

以“人本主义方法论”有关阶层居舍与工作地就近配置的观点，以满足中低收入无私家车家庭在工作地附近居住为出发点，以

各阶层居舍类型、数量及质量水平为评价指标，进行城市社区体系可获性水平评价的实证研究。

1.案例区各阶层可获距离的确定

由认知构成类型中的要素可知，各居舍类型及亚类的住宅质量、面积、提供的基础设施水平、配备的购物、休闲、娱乐场所都有着阶层化的差异，因此，各居舍类型的可接近距离，应以其对应的阶层为主要判识对象。

（1）社会阶层的确定。社会阶层结构的分析，主要从就业结构、收入分配结构、消费结构、居住空间结构、家庭组织结构等方面分析，最显著的标志是有关经济的属性，因其经济能力决定着出行方式及可支付的居舍类型的差异（陆学艺，2010）。对当代中国社会阶层结构的研究，有学者提出了当代中国的 10 个社会阶层（陆学艺，2002）；有学者对体制内单位和体制外单位分别划分出 7 个职业阶层和 14 个职业类别（郑杭生、李路路，2004）。结合案例区的单位构成和职业情况，以这两种方法为基础，将案例区受访者的阶层划分为 7 类（表 7–7）。

（2）可获性距离的确定。

①可达时距的调查。通过调查，各阶层可承受的通勤距离时间在 30 分钟左右。也就是说，不同阶层都希望在大致相同的通勤时间内前往工作地。由于不同阶层通勤方式不一样，收入从低到高，采取的交通方式为步行、自行车（电动车）、公交车（班车）与自驾车等。通勤方式有别，相同距离的可达时距不同，因此，从居住地到工作地的可获距离有别。

可达时距分为 10 分钟以内，10—30 分钟，30—60 分钟，60 分钟以上共四类，分别赋值 3、2、1、0，分值越高，可达性越强。从表 7–8 可以看出，受访者对各种居舍类型的可达时距认知差异明显：豪华型住房可达时距最高，均大于 40 分钟，高档型和标准型住房的可达时距较接近，大约为 10—20 分钟；低劣型住房的可达时距在 20 分钟左右，但亚类之间差异较大(表 7-8)。

表 7-7　阶层划分和职业构成

十阶层划分法	国家和社会管理者、私营企业主、经理人员、专业技术人员、办事人员、个体工商户、商业服务业从业人员、产业工人、农业劳动者、无业失业半失业人员
七阶层划分法	管理阶层：单位负责人、中高层管理人员
	技术人员阶层：高级技术人员、中级技术人员、初级技术人员
	办事员阶层：一般管理人员、职员
	工人阶层：技术工人、体力工人、下岗工人
	自雇佣者：自雇佣者
	私营企业主：私营企业主
	其他：军人、其他
案例区阶层划分	管理阶层：事业、企业、公司(单位)负责人
	私营企业主：一般个体工商户
	中间阶层：技术人员、教师、一般公务员
	工人阶层：产业工人
	城中村村民：农转非的农民
	自雇佣者：一般服务业从业人员
	其他：失业、自由职业、农民

表 7–8　案例区居舍类型可达时距分析

居舍类型体系		均值				F	Sig.
居舍类型	居舍亚类	社会区域Ⅰ	社会区域Ⅱ	社会区域Ⅲ	社会区域Ⅳ		
豪华型住房	别墅	0.83	0.83	0.84	0.96	0.843	0.471
	豪华公寓	0.78	0.55	0.80	0.72	2.035	0.108
高档型住房	住宅小区	2.25	2.28	2.06	2.21	0.801	0.494
标准型住房	标准舒适型	2.79	2.59	2.80	2.72	3.379	0.018
	标准边缘型	2.78	2.67	2.69	2.71	3.519	0.015
低劣型住房	平房	1.19	1.30	1.38	1.28	0.298	0.827
	自建楼房	1.83	2.16	1.82	1.93	4.305	0.005
	其他	1.49	1.51	1.55	1.51	0.159	0.924

注:F 是组间方差;Sig.是差异性显著的检验值,该值小于 0.05 表示差异显著。

太原市豪华型住房主要分布于长风和滨河东高速入口附近,距离案例区分别为 3.7km 和 7.7km,且周围没有公交车站,必须依靠私家车才可以到达,因此可达性是各居舍类型中最低的。案例区内大多数居舍类型为 80—90 年代的单位制 4—6 层砖混式住宅楼,属于标准型,在单位制社区内,居住与工作地点是相邻的,因此可达性较高,且出行方式为步行。除社会区域Ⅰ外,各社会区域内均有城中村分布,其居舍类型主要是自建楼房,供外来人员和低收入阶层租赁,他们出行方式为公交车和步行,因为没有资金支付良好的居住环境,只能就近工作地居住在环境较差的地方。案例区内高层及小高层的社区分布在距市中心最远的社会区域

Ⅳ中,虽然居住地与工作地相距较远,但是基本都有私家车,所以可达性居中。

可达时距样本数统计情况见图7-8。各居舍类型的可达时距主要以10—30分钟为主,其次为10分钟以内和30分钟到1小时。因此确定可获性距离,以30分钟作为相同出行时间段。

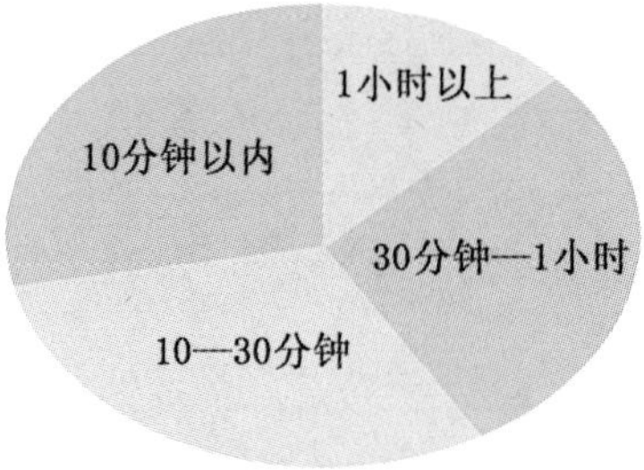

图7-8 案例区可达时距样本数分布情况

从居舍类型感知区位角度,低阶层人群联合起来购买城市中心居住区域,以减少通勤费用;高阶层人群可独立购买郊区宽敞环境住宅,用自驾车解决通勤问题。因此,由城市中心向郊区,居舍类型由低向高分布。从就业区位角度,低阶层人群处在各级中心从事商业与服务性行业,保持职-住在空间上不分离,高阶层人群则可以承受职-住分离带来的通勤成本增加。

②可获距离确定。以满足中低收入(无私家车)阶层出行距离短的特点为原则,因为其择居取向受时间-距离因素影响最为深刻,在相同出行时间内可达的最远距离比其他阶层近,因此只能在工作地附近选择居住地。由于居舍类型应尽可能满足对应阶层人群的需求,因此每个居舍亚类的可获性距离,应为对应阶层在相同时间内认知距离所占比例最大的一项。根据本研究发放的问卷调查表(表7-9),以各居舍类型对应主要阶层的认知判断为标准,确定了各居舍亚类(从社会区域/社区中心向外)的

可获性距离。

根据表 7-9，确定居舍类型的阶层化可获距离(图 7-9)。

表 7-9　案例区居民对不同居舍类型距离接近性的调查统计

居舍类型体系			阶层(职业)属性						
			管理阶层	私营企业主	中间阶层	工人阶层	城中村村民	自雇佣者	其他
豪华型住房	别墅	距离(m)	3000	3000	—	—	—	—	—
		比例(%)	70	76	—	—	—	—	—
	豪华公寓	距离(m)	2000	2500	—	—	—	—	—
		比例(%)	62	55	—	—	—	—	—
高档型住房	住宅小区	距离(m)	2000	2000	1500	—	—	—	—
		比例(%)	66	60	74	—	—	—	—
标准型住房	标准舒适型	距离(m)	500	1000	500	1000	500	—	—
		比例(%)	78	54	61	68	43	—	—
	标准边缘型	距离(m)	—	—	500	800	—	—	—
		比例(%)	—	—	45	54	—	—	—
低劣型住房	平房	距离(m)	—	—	—	200	200	500	500
		比例(%)	—		—	43	51	43	55
	自建楼房	距离(m)	—	—	—	—	200	500	200
		比例(%)	—	—	—	—	79	55	52
	其他	距离(m)	—	—	—	50	100	50	100
		比例(%)	—	—	—	47	51	43	38

注:比例为选此距离的人占该阶层总人数的比例。

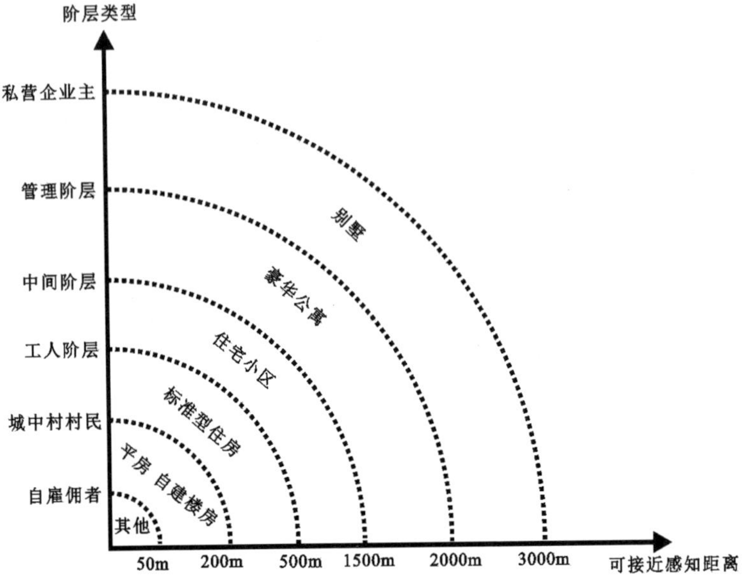

图 7-9　阶层化居舍类型的可获距离

等级越高的居舍类型,可接近的距离越远,说明有支付能力的人愿意用更高的花费和更多的时间享受更好的环境，而等级较低的居舍类型,可接近的距离越近,说明居住在这些类型住宅的人出行范围小,一般只能靠步行、自行车的方式去工作地,因此只能选择拥挤的生活环境来减少对居住环境质量的支付。

2.居舍质量的量化标准

反映在可获距离内 6 大类 33 小类社区资源(刘晓霞,2009)的配套程度,用高、中、低表示,分别赋值 5、3、1(表 7-10)。

3.权重的确定

以满足低收入(无私家车)阶层家庭对社会区域内各种设施和居舍类型的接近需求，通过行为调查和专家打分法定性描述案例区内居舍类型(涵盖的社区资源)的相对重要性来确定权重。

表 7-10　居舍质量等级评价标准

等级	标准化数值	分级依据
高	5	高等级(区域性)服务设施:超市、银行、初中、高中、职业学校、其他培训学校、老年学校、大中型医院、公园、电影院、游泳馆、残疾人协会
中	3	满足居民间交流需求的设施:百货店、小餐馆、幼儿园、小学、邮局、公交车站、社区医疗服务中心、老年活动中心、图书馆、社区活动中心、社区广场、健身活动场地、社区服务中心、家政服务中心、物业管理公司
低	1	满足每日生活基本需求设施:小卖部、菜市场、公用电话亭、药店(私人门诊)、单位医院、网吧、理发店、洗衣店

4.评价的指标体系

通过居舍类型的分级体系、可获距离、权重,以及社区居民对某类居舍类型在可获距离内的可达时距、数量和质量标准,建立了案例区社区体系可获性评价指标体系(表 7-11)。

(二)案例区内以社会区域为单位的居舍类型空间结构可获性评价

该评价是以案例区内 4 个社会区域为单位进行居舍类型的空间结构对比评价。根据案例区社区体系可获性评价指标体系（表 7-11),基于对案例区居民的调查问卷结果统计,分别对可获性指标运用 SPSS17.0 软件进行均值分析、多因子方差分析,得到案例区内各居舍类型的可获性指数(表 7-12)。以邻里区内居舍类型组合为基础,将量化后的居舍类型可获性指标根据公式(6.1),得到案例区社区体系可获性指数。

将可获性指数与地图对应，得到案例区以社会区域为单位的可获性地图(图 7-10)。案例区内 4 个社会区域,社区体系可获性最高的是社会区域 II,最低的是社会区域 III。

表 7-11　太原市案例区社区体系可获性评价指标体系

居舍类型 一级	居舍类型 二级	可获距离(m)	可达时距	数量	质量	权重
豪华型住房	别墅	3000	0、1、2、3	0、1、2……	低/中/高	0.15
	豪华公寓	3000	0、1、2、3	0、1、2……	低/中/高	0.10
高档型住房	住宅小区	1500	0、1、2、3	0、1、2……	低/中/高	0.25
标准型住房	标准舒适型	500	0、1、2、3	0、1、2……	低/中/高	0.15
	标准边缘型	500	0、1、2、3	0、1、2……	低/中/高	0.10
低劣型住房	平房	200	0、1、2、3	0、1、2……	低/中/高	0.05
	自建楼房	200	0、1、2、3	0、1、2……	低/中/高	0.15
	其他	50	0、1、2、3	0、1、2……	低/中/高	0.05

注:表中权重为二级指标的权重,一级指标的权重在可获性指数计算中视为均等。

表 7-12　太原市案例区社区体系可获性指数

居舍类型 一级	居舍类型 二级	社会区域 I	社会区域 II	社会区域 III	社会区域 IV
豪华型住房	别墅	—	—	—	—
	豪华公寓	—	0.63	—	—
高档型住房	住宅小区	2.27	2.19	—	2.21
标准型住房	标准舒适型	1.33	1.24	1.23	1.34
	标准边缘型	0.79	0.70	0.74	0.76
低劣型住房	平房	0.18	0.19	0.20	0.18
	自建楼房	—	0.83	0.91	0.81
	其他	—	—	0.19	0.18
可获性指数		4.57	5.78	3.27	5.48

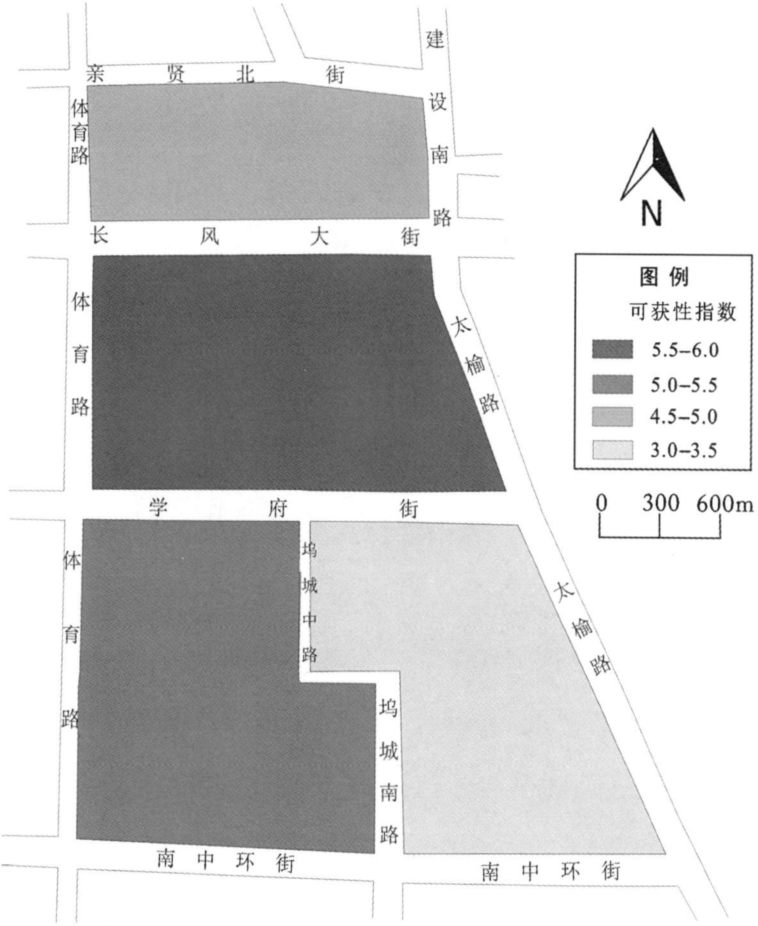

图 7-10　案例区社区体系可获性地图

社会区域Ⅰ是一个成熟的单位制职住功能一体的社区，居民以本单位职工为主。由五个居舍类型构成，以单位制的标准型住房为主要居舍类型，其间有少量单位与房地产公司共同开发拥有产权的中高档商品房小区，缺失豪华型居舍类型，低劣型住房(平房)

的数量极少，仅能为本单位临时性服务的工人提供住房，不能为大量服务业从业者提供住房，因此其居舍类型对低收入者的剥夺程度较大。本社会区域位于太原市南部商业区的边缘地带，沿街底铺零售业发达，紧邻城市主干道，周边公交线路达到6—8条，交通通达性高。以太航社区为代表的大型单位制社区，其社区服务设施完备，如医院、幼儿园、小学、超市等应有尽有且规模较大。

社会区域II和IV的可获性水平较高，源于其居舍类型较为丰富，均由6类居舍类型构成。社会区域II从豪华型住房到低劣型住房都有，以单位制标准型住房为主，住宅小区和城中村村民自建楼房次之，最高等级的别墅和最低等级的其他类住房被剥夺。各社区周边以服务日常生活为主的零售业、餐饮业、服务业都很发达，满足了各个阶层的居住生活需求。社会区域IV以住宅小区为主，缺失豪华型居舍类型。虽然居舍类型数目一致，但可获性较社会区域II略低，主要是由于交通不便利，每条次干道公交线路最多只有两条，且周围的道路很多还在修建中。

社会区域III由5个居舍类型构成，高等级的豪华型住房和高档型住房缺失，因此可获性水平最低。由于其主要驻地单位为山西大学，功能单一，学生对居住类型无自主选择（因此本研究没有对学生样本进行统计），居住在学校统一安排的学生公寓，教师则有相对独立的教工生活区。周围其他区域主要围绕大学校门产生零售商业、服务业的聚集，其服务人员居住在附近的城中村。

（三）社会区域内以社区为单位的居舍类型空间结构可获性评价

该评价是在案例区的社会区域范围内，以社区为单位进行居舍类型的空间结构对比评价。以社区为单位，分别对案例区内4个社会区域的居舍类型可获性进行评价，得到可获性指数及可获性地图。

1.社会区域Ⅰ居舍类型可获性评价

本社会区域主要是单位制社区,因此豪华型住房缺失,住宅小区的比例较小,且几乎没有低劣型住房,使得很多社区对高收入阶层和低收入阶层的可获性均不高,凡是有住宅小区的社区则可获性较高。具体结果见表7-13、图7-11。

表7-13　社会区域Ⅰ社区体系可获性指数

居舍类型 一级	居舍类型 二级	社区1	社区2	社区3	社区4
豪华型住房	别墅	—	—	—	—
	豪华公寓	—	—	—	—
高档型住房	住宅小区	2.30	—	—	1.89
标准型住房	标准舒适型	1.32	1.48	1.37	1.56
	标准边缘型	0.80	0.77	1.05	—
低劣型住房	平房	0.18	—	—	—
	自建楼房	—	—	—	—
	其他	—	—	—	—
可获性指数		4.60	2.25	2.42	3.45

社区1由高档型住房、标准型住房和低劣型住房三大类居舍类型构成,其中以标准型住房为主,是本社会区域的一级中心,其地域范围也是最大的，社区内不仅有大量标准型住房供本单位职工居住，还有多栋高层商品房向全社会发售；其边界——亲贤北街、长风大街、并州南路均为市级主干道,且为南城区最主要的两条商业街,因此商业、服务业发达,可获性最高。社区2和社区3主要是事业单位及家属区,居舍类型仅有标准型住房,其他居舍类型被剥夺。周围服务业态为小卖部和小餐馆,仅能满足本单位居民需求,因此可获性最低,且差别不大。社区4兼有住宅小区和标准舒

适型住房，是干部居住社区，所以虽然居舍类型不丰富，但由于居舍质量较高，所以可获性较高。

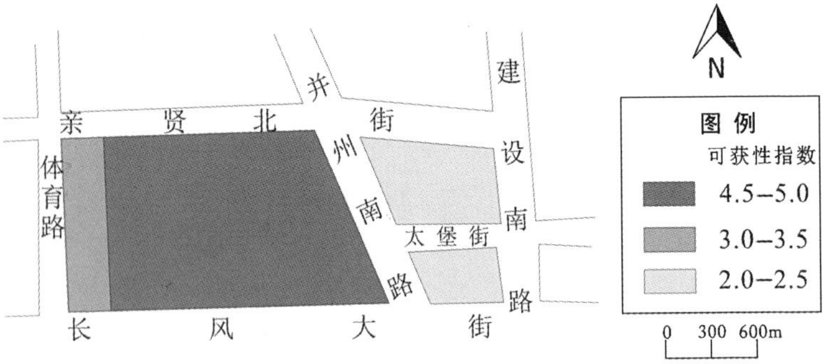

图 7–11 社会区域 I 社区体系可获性地图

2.社会区域 II 居舍类型可获性评价

本社会区域内社区 2 可获性最高，其他社区可获性水平较低且相差不大。具体结果见表 7–14、图 7–12。

表 7–14 社会区域Ⅱ社区体系可获性指数

居舍类型 一级	居舍类型 二级	社区 1	社区 2	社区 3	社区 4	社区 5
豪华型住房	别墅	—	—	—	—	—
	豪华公寓	—	0.60	—	—	—
高档型住房	住宅小区	—	2.19	—	—	—
标准型住房	标准舒适型	1.20	1.25	1.55	1.37	1.21
	标准边缘型	0.76	0.56	0.77	0.87	0.76
低劣型住房	平房	0.20	—	0.18	—	0.20
	自建楼房	—	0.91	—	—	—
	其他	—	—	—	—	—
可获性指数		2.16	5.51	2.50	2.24	2.17

社区2的居舍类型最丰富，有案例区内唯一的豪华型住房、市政公园，也有大量单位制的标准型住房和城中村自建楼房，因此可以满足各阶层居民的居住及游憩需求，所以可获性最高。学府公园不仅是本社区中心，也是社会区域II的中心。其他社区均没有豪华型住房，居舍类型主要由单位制的标准型住房构成，且老旧的住房比例较大，兼有少数低劣型住房，不能满足所有服务业从业者的居住需求，因此总体可获性不高。

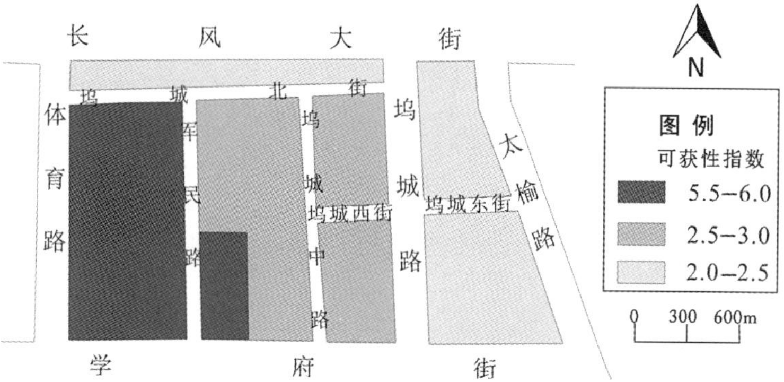

图7-12　社会区域II社区体系可获性地图

3.社会区域III居舍类型可获性评价

本社会区域的可获性是案例区最低的，各社区内居舍类型都较单一，豪华型和高档型住房都被剥夺，因此可获性很低。具体结果见表7-15、图7-13。

社区1是山大社区，驻地单位山西大学和电建一公司的居舍类型主要为标准型住房，兼有少量平房。其中山大北区全部为20世纪80年代之前修建的老式板式楼；中部现存一百余间平房及五栋苏式三层小楼，为退休教师和工人居住，数量大且从保护历史遗迹的角度都使得这一区域的住房难以更新；南区为2000年和2010年建成的6层及小高层教师公寓楼。社区2为许西村，紧邻山大西门，以城中村居民自建楼房为主，主要为学生提供低档的食宿，且居住条件差，因此可获性最低。社区3紧邻山大东门，提供较高档的食宿和零售业，有超市、专卖店、连锁餐饮等，但缺失低劣型住房，没有为其从业人员提供居住场所。

表7-15　社会区域Ⅲ社区体系可获性指数

居舍类型		社区1	社区2	社区3
一级	二级			
豪华型住房	别墅	—	—	—
	豪华公寓	—	—	—
高档型住房	住宅小区	—	—	—
标准型住房	标准舒适型	1.46	—	1.27
	标准边缘型	1.00	—	0.76
低劣型住房	平房	0.23	—	—
	自建楼房	—	0.84	—
	其他	—	0.18	—
可获性指数		2.69	1.02	2.03

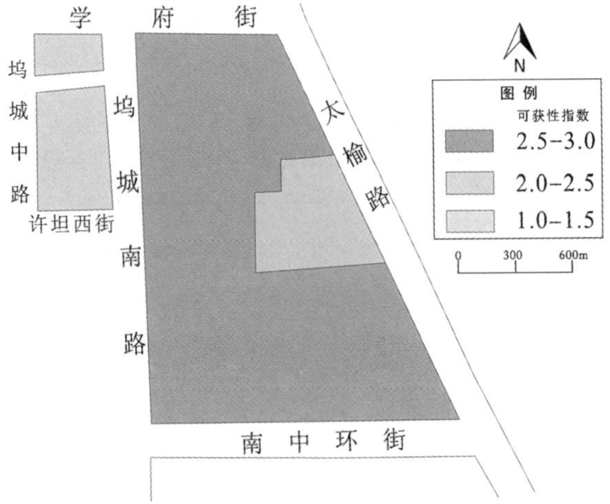

图7-13　社会区域III社区体系可获性地图

4.社会区域Ⅳ居舍类型可获性评价

本社会区域内各社区可获性比较接近，可获性水平较高。具体结果见表7-16、图7-14。

表7-16　社会区域Ⅳ社区体系可获性指数

居舍类型		社区1	社区2	社区3	社区4
一级	二级				
豪华型住房	别墅	—	—	—	—
	豪华公寓	—	—	—	—
高档型住房	住宅小区	1.58	—	2.32	—
标准型住房	标准舒适型	1.34	1.29	1.27	1.01
	标准边缘型	0.80	0.78	—	—
低劣型住房	平房	—	—	—	0.19
	自建楼房	—	0.76	—	0.89
	其他	—	0.18	—	—
可获性指数		3.72	3.01	3.59	2.09

社区1和社区3的居民主要为中间阶层，居舍类型由高档型和标准型住房构成。其中社区1有少数标准边缘型住房为单位工人及单身职工的住房，从居舍类型构成上看较社区3更全面，但社区3居舍类型构成主要是新兴的高档住宅小区，权重较高，因此二者可获性水平都较高。社区2的居舍类型标由标准型和低劣型住房构成，是社会区域的服务业中心，居民以中低收入阶层为主。师范街沿线产生了大量餐饮、零售业，主要服务武警医院的就诊人群和城中村居住的流动人口，也为这些人提供了低廉的住宅，但由于居舍质量不高，所以可获性相比社区1和社区2较低。社区4主要是北张村委会，居舍类型以村民自建楼房为主，兼有标准舒适型的住房（北张小区），居民以北张村民、外来务工人员为主，兼有周边

学校的少数学生,由于区位因素(没有临近学校大门),所以商业不如同为城中村的社区2发达,可获性最低。

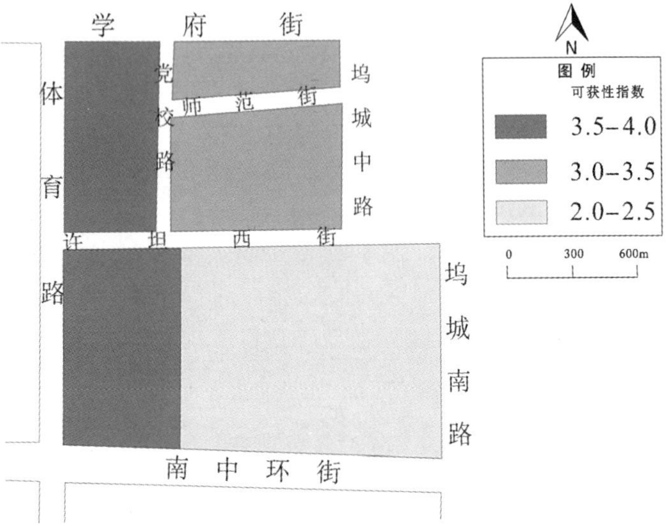

图 7–14　社会区域 IV 社区体系可获性地图

四、小结

(1)本章采用第六章建立的"城市社区体系结构(居舍类型)可获性评价原理与方法"对案例区进行实证研究。

首先对太原市城市社区体系现状进行评述，接着采用形态划分法对案例区社区体系进行划分，每个社会区域均围绕一个一级中心布局,社区围绕二级中心布局。结合已有的相关研究成果、对案例区的行为调查和基础资料研究，确定了居舍类型、可获性距离、质量标准及权重,并依此建立了社区体系(居舍类型)可获性评价的指标体系。

通过对行为调查数据的量化与分析，得到案例区及各社会区域的居舍类型可获性指数，最后将数值与空间信息对应得到各社会区域的可获性地图，更加直观地看出研究区域的社区体系可获性水平。整个研究表明第六章的评价方法具有较强的可操作性。

(2)可获性指数与居舍剥夺水平的对应关系见表 7-17。

表 7-17　可获性指数与居舍剥夺水平的关系

可获性指数	可获性水平	居舍剥夺水平
1.0—2.0	低	仅提供 1 个阶层的住房
2.0—3.0	较低	提供 2—3 个阶层的住房
3.0—4.0	中	提供 3—4 个阶层的住房,质量较低
4.0—5.0	较高	提供 3—4 个阶层的住房,质量较高
>5.0	高	提供 5 个阶层及以上的住房

(3) 城市居舍类型可获性评价的单位应在一个有城市中心构成的、若干个社会区域组合的范围内进行评价。从图 7-10 与图 7-11、图 7-12、图 7-13、图 7-14 可知,在案例区的城市区域(街道办事处范围),往往形成一个居舍类型齐全的社区体系;在居民同质性较强的社会区域范围内,完整的居舍类型体系则不易形成。说明一个完整的居舍类型体系应在社会区域构成的一个城市区域 (至少有一个中心)内进行调整与提升。

第八章　城市社区体系空间结构可获性提升路径

一、案例区城市社区体系空间结构构建存在的问题

对案例区分别以社会区域和社区为单位评价居舍类型空间结构的可获性，其结果反映出在构建社区体系的空间结构方面存在以下三个主要问题。

(一)低收入阶层居舍类型严重不足

以社区为单位分析各社会区域的社区体系构成情况：社会区域 I 以单位制社区为主,低收入职工均有住房,但单位周边的服务业、零售业和临时工人缺少住房;社会区域 II 有各种居舍类型,可获性最高,社区 2、社区 4 和社区 5 均有低收入阶层对应的居舍类型,且数量较充足;可获性水平最低的社会区域 III 中低劣型住房的比例最大，仅社区 3 无法为低收入的服务业从业者提供相应的住房;社会区域 IV 中的社区 2 和社区 3 中大量城中村自建楼房是低收入阶层主要居住区域，社区 1 中兼有少量供本单位职工居住的住房。

对案例区居舍类型的总体供给情况分析,在各社会区域中,单位制社区对本单位低收入职工(一般工人和退休职工)提供的住房可以满足其需求,以标准边缘型为主,房价低于市场价的一半;其他非单位制居民(以外来务工人员为主)等低收入阶层的住房主要以城中村的自建楼房为主，兼有少数单位内的联排平房，租金低廉,但生活质量差,特别是上下水和供暖难以保障;拥有产权的水

电暖设施完备的低收入阶层保障性住房缺失程度大，整个城市的阶层化社区体系结构有待完善。

不同职业间居舍类型数量和质量的差异较大，以城中村自建楼房为主构成的社区(或村委会)已经逐步成为为低收入阶层提供廉价出租屋的低收入社区。城中村是城市社区体系类型中一个重要组成部分，实现了各阶层居民对城市资源特别是营业性场所和公共空间的整合利用。由于户籍制度和城市住房制度的限制，外来人口只能将租赁房屋作为解决居住问题的主要方式；另一方面，城中村的房屋租赁价格远远低于城市商品房，诱使外来人口向城中村高度集中。对城中村进行改造，可能会使城市低收入阶层可以支付的居舍类型更加短缺，且在利益驱使下的搭建增建房屋、征用征购费及高昂的改造成本令城中村改造难以实施，使得低收入阶层的住房条件更为恶劣。

近年来，政府部门力图完善住房供给的阶层体系，构建阶层空间公正意向，将普通商品房、经济适用住房与廉租住房、二手房的买卖与租赁结合起来，并配合相关的金融贷款制度形成一个完整、低成本、高效率的社会阶层住房体系。与此同时，建立土地收益基金制度，应从土地出让收入中拿出一定比例的资金用于实施住房保障政策，以解决低收入家庭的住房问题。但是，市民却反映看不到这些保障性住房。其中的分歧主要产生于概念的混淆。

太原市的保障性住房只包括四类，即廉租房、经济适用住房、公共租赁住房、限价商品住房。而保障性安居工程的基本内容包括三类：第一类是保障性住房建设；第二类是棚户区改造，包括城市棚户区、国有工矿棚户区、林区棚户区、垦区棚户区和煤矿棚户区改造；第三类是农村危房改造。这些房子并不全是政府实施的，例如经济适用房，就包括企事业单位的集资建房，政府要给予优惠政策鼓励企事业单位投资建设，由企事业单位面向本单位职工租赁、销售,使得非本单位的城市居民无法享受这些保障性住房。由于统计的原因,在统计中开工的即算作住房面积,而到竣工大约有 3 年时间,这期间低收入居民仍无法入住。

(二)高收入阶层居舍类型空间隔离严重

在调查中发现，居舍类型的空间隔离程度受某些因素的影响(表 8–1)。总体上,受物质因素影响较大的居舍类型为豪华型和高档型住房,受社会因素影响较大的居舍类型为低劣型住房,标准型住房则受准入资质的影响较大。

表 8–1 居舍类型空间隔离的影响因素

居舍类型体系		物质隔离			社会隔离				
居舍类型	居舍亚类	门禁	围墙	距离	舒适性	准入资质	排外性	房价	安全感
豪华型住房	别墅	√	√	√				√	
	豪华公寓	√	√	√				√	
高档型住房	住宅小区	√	√						
标准型住房	标准舒适型		√			√			
	标准边缘型		√			√			
低劣型住房	平房		√		√		√		√
	自建楼房				√		√		√
	其他				√				√

注:标有"√"表示此因子对该居舍类型的空间隔离程度有影响。

高收入阶层对应的居舍类型主要为豪华型住房和高档型住房，从表 8-1 可以看出，这两类住房的安保措施很多，体现在 24 小时保安执勤、对小区内业主车辆和装修车辆发放通行证并限制使用时效等方面，给业主营造出一种安全感强的居住氛围，其高昂房价的一部分也是用于支付社区安全性服务的。这些高等级的居舍类型形成的高收入阶层社区，受经济利益、政策导向的影响，开发过多、过快，高收入阶层大量侵入中低收入阶层的居住区域，因此产生强烈的不安全感。另外高收入阶层对生活环境的舒适度要求更高，追求更多的私密空间，住宅、邻里区之间，特别是与周围的低等级社区之间空间隔离程度较高。这种出于安全考虑与阶层生活方式差异的空间隔离，其主要表现形式为严格的门禁系统、禁行标志、监控摄像和高大的围墙（图 8-1）。案例区中的学府苑和锦绣苑社区即为此类型。

图 8-1　高收入阶层居舍类型空间隔离的形式

（三）城市居民生活满意度总体不高

满意度按照非常满意、基本满意、一般、不太满意、很不满意，分别赋值 5、4、3、2、1。案例区调查中居民对所居住社区的总体满意度评价结果见表 8-2。案例区的 4 个社会区域，满意度最高的是社会区域 I，处于一般趋于较满意的水平；最低的是社会区域 II，处于一般趋于较不满意的水平。

表 8-2　中国不同收入阶层对应的住宅类型满意度

项目	社会区域 I	社会区域 II	社会区域Ⅲ	社会区域 IV
均值	3.44	2.58	3.15	3.20
组内标准差	0.755	0.659	0.867	0.707

社会区域 I 是一个成熟的以单位制社区为主的社会区域，物质环境方面，各社区内部生活设施齐全、水电暖气都有专门的后勤部门保障，生活便利，社区内提供的社区资源及城市资源以满足居民日常生活基本需求为主，质量不高但福利性强，形成“小社会”的特点；社会环境方面，有绿地和小广场等公共空间供居民运动和交往，社区认同感强，也可以用“亲地情结”（段义孚，1974）解释；经济环境方面，单位内的住房是经济适用房的主要组成部分，在居舍类型可获性上体现了对本单位内低收入人群的空间公正。因此，从居住环境及生活舒适度的角度来看，满意度较高。但是从住房条件和居民心理的角度，由于案例区内单位制住房多存在年代久远的问题，与周围新开发地区相比，外观及内部结构与设施不具吸引力，而单位内部的人事关系也使得一部分人觉得行动不自由，所以总体满意度还是一般水平。

社会区域 II 是一个混合了城中村、院校、政府部门和企业单位的社会区域，人员的复杂性会影响社会安全感，因此从组内差异来看，此区域的满意度是案例区内最低的，且各个阶层的人的满意度都不高。这一区域人员成分复杂，带来安全感的降低，所以不同的社区之间隔离比较严重，另外，交通的不畅也导致满意度降低，这一区域内集中的几所中小学，在上下学的时候产生了即时大量交通流，致使高峰期交通拥堵严重。因此，此社会区域满意度水平主要受城市资源中的交通空间体系影响较大。

社会区域 III 的总体满意度和社会区域 IV 接近，但组内标准差更大，说明不同阶层（职业）的人满意度差别较大，特别是城市水、电、气、暖的供给水平及公共空间–绿地景观的供给水平方面，山大社区的居住环境质量都远高于许西村。

社会区域 IV 的总体满意度在案例区内较高，主要在于其居舍类型较丰富，特别是城中村社区为低收入阶层提供了大量廉价出租屋，但存在供水、电、气、暖供给不足的问题。区内的高档住宅小区相比成熟的单位制社区，周围配套设施尚不能满足居民需求，因此总体满意度也是一般水平。

受访者普遍认为，社区周边有无公交、公园、菜市场是影响生活质量的主要因素，有无停车场地和周边学校的口碑也相对重要。很多居民没有锻炼的场所，只能在街道上跑步，或者去临近的院校体育场，学府公园是案例区内唯一的一个市级公园，在节假日总是人满为患，但是这些公共空间和绿地缺乏的问题还难以在短时间内解决。

随着城市的发展，城市汽车保有量上升，城市的交通压力越来越大。目前太原市交通压力一方面来自通勤产生的交通量，且随着南郊经济技术开发区和小店大学城的建成和投入使用会越来越严重；另一方面来自停车场不足造成的空间竞争。在太原市老城区一些新建的住宅小区内，已经出现机械化停车系统，汽车和人争夺空间。越来越多的新建小区都设计了地下停车场，有的高档小区每户设计了 1.5—2 个车位，才能满足居民的需求。但是旧的城市规划缺乏对停车位的考虑，改造成本过大，会成为今后长期困扰城市建设和交通顺畅的问题。

二、城市社区体系的城市资源(供给)控制原理

国内学者研究城市社区体系规划原理的成果认为，社区体系的构建可用城市资源的供给原理进行控制(王兴中等,2012)。

(一)城市资源的类型

城市各阶层居民获得日常生活空间的基础是社区体系空间结构的居舍类型可获性，社区体系空间结构可获性的物质基础是城市资源(王兴中等,2009)。因此,要提高社区体系的可获性,需要构建城市资源空间体系并对其公正地配置，提高城市资源对各阶层的空间与机会接近程度,即城市各阶层居民的生活-空间质量得到提升。

城市资源指政府为提高城市社会生活空间质量，构建的城市社区体系与社区资源体系的公共基础设施系统（王立、王兴中，2010)。按照对社区体系可获性不同方面的影响,可将城市资源分为三类。

1.城市交通空间体系

此类城市资源影响社区体系的空间构成。广义的城市交通空间体系包括城市航空、水运、轨道及道路交通系统,承担着城市对外和对内交通这两大功能(戴慎志,1999)。本书主要研究对社区体系空间构成影响较大的城市道路和轨道交通。城市道路交通由各类交通站场及运行线路、静态交通设施(停车场)等构成,是城市公共交通的主体;城市轨道交通主要由地铁及其调度设施、高架路桥构成,在大城市中比较常见,具有快速、准时运载大量客流的特征。二者是城市居民特别是中低收入阶层的出行必备设施，城市其他资源也多沿城市道路布局,产生一定程度的聚集,因此该类城市资源的布局影响城市空间格局。

2.城市生活条件资源空间体系

此类城市资源影响居民居住生活条件和场所的可接近性。城

市生活条件资源主要指水、电、气、暖等城市基础设施体系，它们为城市生产提供了能源和动力，为城市居民生活提供了能源及卫生、舒适的生活环境。此类城市资源需要大量的管线传输，一般其布局受城市道路交通格局影响较大。通过调整城市交通空间体系及城市生活条件资源空间体系的空间位置，可以提升城市不同区域、不同阶层对某类场所的接近性，降低城市资源的剥夺水平，最终实现社区体系空间结构（居舍类型）的可获性的提升。

3.城市公共空间－景观绿地空间体系

此类城市资源影响社区体系适居性。城市公共空间是指城市中大量建筑实体之间与社区间存在着的开放空间体系，是城市居民进行公共交往、举行各种活动的开放性场所，其目的是为广大公众服务。从广义的自然环境角度，城市公共空间主要包括山林、水系等自然环境。从城市社会空间的角度，提倡在规划和制定城市发展战略上注重社会公平意识，认为公共空间是有一定的公共设施或者景观绿地的开放空间。其布局主要满足社区间交往功能需要，而且其对于周围社区特别是弱势群体社区发展有潜在影响和作用（李志刚、吴缚龙、刘玉亭，2004）。由此可见，城市公共空间体系的构建也是衡量城市社会公正的一个重要方面。

城市景观绿地是城市公共空间的组成部分（主体基础），能够提高城市自然生态质量，有利于环境保护；调适环境心理，增加城市地景的美学效果；有利于城市防灾，增加城市经济效益；净化空气污染，提高城市生活质量。城市公共空间–景观绿地空间体系的构成，以及空间剥夺水平反映了社区体系的生活空间质量构成水平。

（二）城市资源与社会公正

城市社会–生活空间质量观认为，城市资源是城市社区体系可获性构建的物质基础，城市资源的供给与剥夺是影响城市社会–生活空间质量的设施性物质基础。城市资源的剥夺既包含基本生活场所的供给不足(或缺失),又包含空间场所的不可进入。影响社区体系发育,表现在低下阶层社区居民日常生活不便,生活空间质量低下。因此,城市应规划完整的城市资源供给体系,才能构建完整的社区体系,使各阶层的人有充分享有城市资源的客观可获性,过上城市化生活。

城市资源剥夺的直接结果是损害社会弱势群体的基本社会空间利益,有碍社会的公正和谐。确保城市资源在不同社会区域、不同阶层之间的空间公平配置是保障社会公平的重要方面,使城市资源构建要达到提升城市社区体系空间结构的目的。

在社会公正理念下,城市资源的空间公正配置可用城市资源可接近水平的公正性来衡量,即居住在城市不同级别社会区域的居民都应该平等地享有城市资源,不仅有私家车的高收入阶层在城市内能够通过城市网络到达某类场所,得到就近服务,老人、婴幼儿、残障人士、妇女等弱势群体也能够在城市中接近生活场所并得到良好的照顾,即实现城市资源共享。对于城市资源的公正配置,应该以“公正性”的理念注意四个方面:

①维护城市资源的“公共性”:将城市公共资源保护起来,不能任少数群体独占独享,甚至成为其用以生财的囊中资本。②考虑弱势群体:好的公共资源不能只被富人享用,在城市建设中必须为弱势群体预留空间资源。③加强立法和体制改革:要实现城市公共资源合理配置,并使绝大多数市民受益,政府和公共管理部门生产、建设的公共产品、公共设施,提供的公共服务,都应依据法律规定的对象和价格出售。④市场化是方向:有些城市公共资源可通过招标、拍卖、公开竞价、挂牌等市场手段达到合理配置,比如土地使用权、道路命名权、公共设施的物业管理权等(郑松波等,2006)。

(三)社区体系的城市资源(供给)可获性控制原理

人本化的城市资源(供给)在于消除城市资源剥夺水平下,重构城市资源(供给)的区位机会结构,这要求城市规划必须先对城市社区体系空间结构现状进行可获性水平评价。在此基础上,社会阶层对各类城市资源才有空间(距离)上的可进入性与社会(距离)上的可接近性,完整的社区体系方可建构。

社区体系下城市资源(供给)可获性控制以居舍类型的社会空间圈层扩散效应原理为基础。"效应面"即是在社会空间中新居住地反映出的社会地位(效应)的综合水平(Hartshorn,1992)。因此,对城市生活空间的认知是在效应面背景下的以新的认知空间取代旧的认知空间的调整性过程。当新的产业聚集在某个地点的时候,就会以此为中心产生区域社会效应面, 带动优化的社会效应吸引人们向这个地点居住集聚,于是产生了搬迁,而旧的居住地则处于效应低的地位,使人们产生搬离的意愿。西方国家城市一般存在三个级别的居住圈层效应面(图 8-2)。

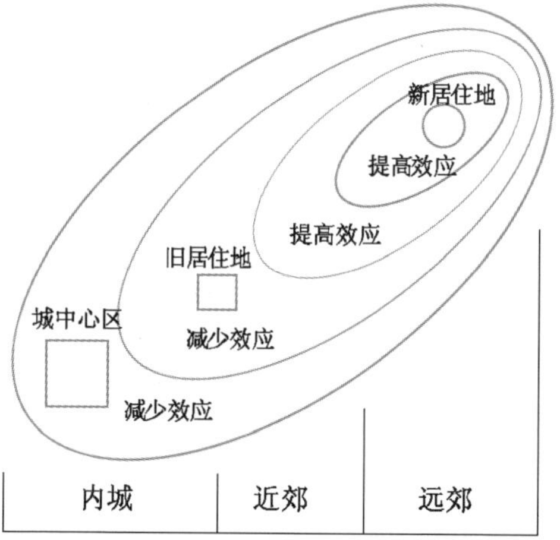

图 8-2　西方国家城市认知的居住圈层效应面

资料来源:王兴中,等.中国城市生活空间结构研究.北京:科学出版社,2004:164.

社会发育阶段不同，城市空间（或扩散）的水平不同，都围绕城市不同功能中心以圈层扩散的形式发展。越是处于外部的圈层，其居住生活空间效应面就越大，获取的城市资源种类就越多，质量也越高，其居舍类型与社区具有较高阶层的等级特性。

城市家庭的搬迁是通过“换位游戏”来达到扩大“效应面”的目的的。在城市居住社会区类型区的选择上，居民总是趋向于在同一个社会经济地位的区域内搬迁，由内城向郊区的方向迁移，即在同一个扇形内在不同的圈层之间搬迁（图 8–3），越是向扇形外层越具有高等级的居舍类型与社区。因此，社区体系的城市资源（供给）控制：以构建整个城市“居舍类型”的“双焦点椭圆型”与“扇面辐射层次型”社区体系为目标，规划城市（社会区域）体系的城市资源控制结构。另外，为了纠正城市郊区低等社区的过滤与剥夺及其社区“空间错位”，必须将低阶层居住区作为城市社会区域的公共设施进行布局。

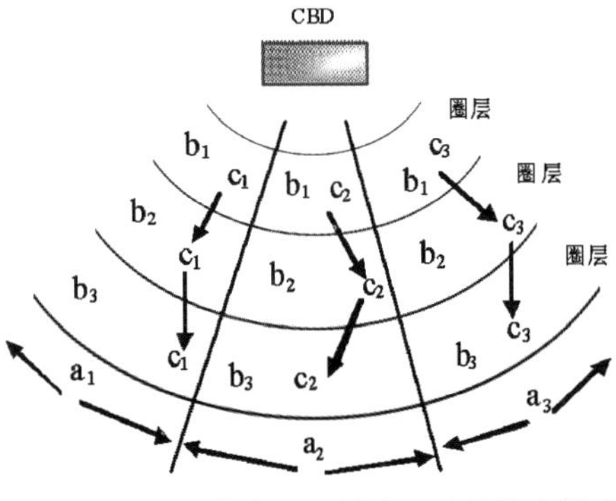

图 8–3　城市居舍类型区的扇形扩散效应模式

注：a_i 是具有相同社会经济地位的居舍类型圈层区域（如收入、教育与住所价值）；b_i 是具有相同均质的住房、市场（如年代、规模、住房密度）；c_i 指由内城搬迁的主导迁移区位与方向（箭头所指）。

资料来源：王兴中，等.中国城市生活空间结构研究.北京:科学出版社，2004:169.

三、基于社区体系可获性评价的城市资源(供给)控制

(一)“区域路”结构下的商娱场所引力中心控制路径

阶层的属性差异在职业和收入方面最为明显，因此不同阶层的支付能力差异巨大，其可以承担的房价成为选择居住地的一个主要因素,而房价受居舍类型和区位的影响较大。不同道路类型直接影响居舍区位的优劣,其优劣反映在吸引人们的就业、购物与娱乐的兴趣引力大小。该地的兴趣引力大小又影响商娱场所的数量与多样属性的布局与聚集,产生了不同等级的引力中心。构建不同等级、规模的商娱场所引力中心,可以为不同的社区提供阶层化服务,提高居民的生活满意度。

道路的引力由三种交通类型构成,即生活需要交通、工作需要交通与长距离交通，这三种交通类型重叠组合的水平成为交通聚集,承载交通聚集的路就称为区域路(regional road)(王兴中等,2004c、2009)。城市社会区域由社区构成,商娱中心的等级决定着社区的等级和类型,并依靠道路类型进行控制,即社会阶层化下的城市社会区域中心体系是通过“区域路”结构的控制表现出来的(图 8-4)。

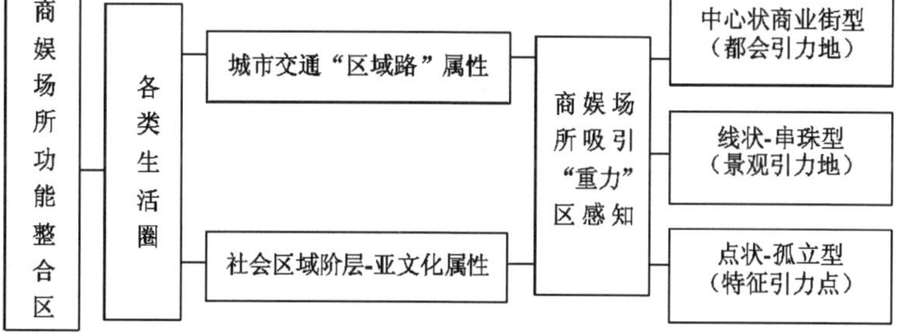

图 8-4　城市商娱场所吸引“重力”类型区认知构成模式

现代城市以汽车为主导的交通体系，使城市向多中心扩展。由于太原市地形的影响，随着城市规模的扩大和城市可用土地的减少，城市空间向南带状扩展，又由于政策的导向，在小店区建设了国家级的经济技术开发区和大学城，逐渐产生了工作地与居住地分离的现象。一方面，高校教师和企业管理人员需要在市区原居住地和工作地之间通勤；另一方面，城市规模的扩大使得以基础设施养护费为主的城市资源成本增加，其费用会首先转移到居舍上，使住房成本提升，使得本地原来的居民无法承担房价的上升，失去居住的空间，这样城市中（低）阶层住房与社区往往被过滤或剥夺。

在案例区中，三个社会区域中心为市级主干道的交会处，一个社会区域中心为省级医院，社区中心都位于主要道路交叉口。但是从类型上看，这些中心性商娱场所多为点状-孤立型，服务半径较小，尚未形成高级别的线状-串珠型景观引力地和中心状商业街型都会引力地。社会区域内中低收入居民的日常生活需求可以得到满足，大量中间阶层和高收入居民的休闲和娱乐需求难以满足，而高收入阶层将会是本案例区南部主要的居民（因为此区域内居舍类型以高档住房为主），所以在城市资源的配置方面，此类居舍附近应有高级别的商娱场所引力中心。

实地调查中，目前仅有太航社区的服务区紧邻市级商圈，具备等级提升的区位优势，但是由于其单位制特点，制度方面难以推进。因此认为案例区最有可能发展成为市级商业街型引力地的是社会区域Ⅳ，现已形成50余家连锁餐饮和8家银行的沿街店面，今后随着体育路的开通和大量住宅小区业主的入住，会形成以餐饮业、便利店为主要业态的线状-串珠型引力区，在各小区门口附近会有较明显的聚集。

根据《太原市城市公共设施布局专项规划》（2012年），在“商业金融设施规划”中提出，太原市商业网点布局要与太原市城市总体发展战略相一致，到 2020 年，规划要形成“三核、十心、六轴、多点”的商业空间布局。其中，“三核”是三个市级商业中心，包括老城商业中心（钟楼、柳巷一带）、长风商业中心（长风街、亲贤街一带）、新城商业中心（现武宿机场一带），案例区恰涵盖长风街、亲贤街的部分区域，可以此为契机，提升商业服务水平。

在调查中，各社会区域、社区中心主要的城市商娱场所形式有四种（图 8–5）：豪华公寓周边为综合型的购物中心，内设餐饮部、游乐区、电影院、超市、商场等，住宅小区临街底层开发以餐饮业为主、兼有少量高端零售业和服务业的店面，形成商业街区；大型单位或社区内为综合型市场，主要售卖日常生活类商品和食品；平房街区或城中村内部则为小门面房，出售食品类商品。

购物中心

临街底层店面街

综合型市场

小门面房

图 8–5　案例区不同等级商娱场所形式

鉴于上述分析，案例区应围绕长风大街构建基于区域路的“商务娱区—商娱街—商娱段—商娱点”商娱场所体系。具体的控制路径：

(1)商务娱区以城市商娱区域为中心形成,对应的社区称为重要型社区,居舍类型以豪华型和高档型为主,由城市级道路类型构成,是城市各类交通的聚集；

(2)商娱街是城市较高等级的商娱中心,往往形成满足中产阶层亚文化消费行为的社会区域,对应的社区称为中产社区,居舍类型以高档型和标准型住房为主,由区域级道路类型(环城市中心道路、城市主干道与次干道)构成；

(3)商娱段是城市较低等级的商娱中心,形成满足中低阶层亚文化消费行为的社会区域,对应的社区称为灰色社区,居舍类型以低劣型住房为主,其道路类型为低级区域路构成,没有较高级别类型的交通；

(4)商娱点是城市最低等级的商娱中心,其形成区域是家庭居住的邻里空间，其道路类型为非机动交通的道路类型构成的区域路,以满足步行需求为目的。

不同类型区域控制不同级别的城市商娱(区)中心,城市各种轴线交会区形成城市商娱区兴趣引力区；城市轴线与环城圈层线交会处形成商娱街兴趣引力中心；城市圈层环线与扇形辐射线交会处形成商娱段兴趣引力中心；连接商娱段兴趣引力中心的非机动交通线交会处形成商娱点兴趣引力中心(图 8-6)。

围绕城市不同等级的城市道路交通体系，构建城市不同等级的商娱中心,其服务的半径也随着对应阶层而有差异。随着城市规模的扩大,在太原市表现为城市空间向南部、东南部扩展,高档的居舍类型也主要出现在原来的城市南部边缘地带,城市外环路(南中环路)和机场快速路的建成加速了这一区域的建设,特别是带动了周边以服务高档社区为主的大型购物中心的集聚。原来的城市中心则产生邻里区的“下滤”，其居住的居民由高收入阶层转为低收入阶层，相应的商娱场所类型也应发生转变，除了传统的商娱区、商娱街不变外，其他的商娱场所应该以满足居民日常生活需求为主，高等级的商娱场所则以圈层形式向城市的（南部）外围布局。

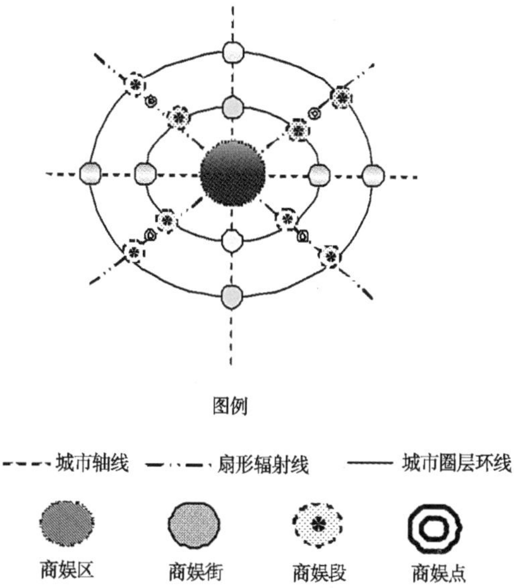

图 8-6　城市“区域路”与城市社会区域的商娱中心结构模式

（二）社区体系下的交通空间体系资源分区覆盖结构控制路径

低收入阶层住房具有面积小、房价低的特点，单纯从经济利益的角度出发，难以满足社会广大低收入阶层对住房的需求。因此，为低收入阶层提供住房就需要政策导向为主，一方面应加大公共服务和社会福利政策的倾向，对原有的危旧住房进行维护或重建，使住房质量改善；另一方面，通过设置一些开发区、改造区，出让土地的经营权给私营部门进行土地开发，并在新开发的社区内为原来的居民提供安置房等保障性住房，这两种方法均为邻里区的上滤过程。此外，由于城市扩展造成邻里区区位条件的变化，高收入阶层趋向于居住在远离城市中心的环境较好的区域，而城市发展使居民对居住条件的要求更高，这两种原因均造成社区居民阶层等级发生置换，产生邻里区下滤，其结果同样是低收入阶层的居舍类型增多，居住条件改善。

邻里区是城市社区最基本的构成单元，城市资源中的交通空间体系应以邻里区为单位分区覆盖，以满足邻里区居民的不同生活偏好行为。低收入阶层居舍类型缺失问题，应从构建低收入阶层邻里区的角度解决，并利用区域路体系下的交通空间体系将邻里区与工作地、商娱中心以及生活场所连接起来。通过交通空间体系控制，可以构成完整的邻里区类型体系，有助于减少居舍类型的空间隔离程度，构建空间公正的社区体系。

1.邻里区安全空间构成规划与公共交通体系控制

社区居民对邻里区安全认知的规律，首先是通过连接邻里区的交通道路类型来判识的。机动公共交通，其速度往往会给行人造成生理与心理的伤害与压力。所以公共交通体系，尤其是汽车类型的公共交通不应穿过邻里区，可围绕邻里区外围、串联社区中心或城市中心，形成环围社区的公共交通与站点设施体系进行控制。

在控制邻里区公共交通与站点设施体系时，首先，保证所有居民具有可接近性；其次，要提供通往其他社区的公共网络系统，还要改善行与驶的关系，疏散交通堵塞，缓解居民的压力；最后，培育邻里区自知意识与责任感，以及居民的主人翁感和共同合作培养的安全感。

2.邻里区康体空间构成规划与步行交通体系控制

邻里区康体空间是构成城市社会-生活空间质量的基本单元。

有关研究认为,邻里区之所以成为康体空间,就是因为没有机动交通,因此,多数人愿意在此散步。散步区域可控制为0.40公里的距离范围,此范围就构成了邻里区范围(城市与社区的综合规划编译组,1998)。因此在散步区域应对步行交通体系进行控制邻里区道路。

步行交通体系控制可以确保邻里区康体生活的价值性。在上述理念下,步行交通体系控制,邻里区内必须有步行线,步行线连接的区域与场所对行走者或骑车者有吸引力。行走交通体系形成公共区域,即邻里区(或社区)公共广场—绿地—通道—公共空间(或场所)—住区,构成“最美好的生活空间模式”。

3.邻里区收入空间构成规划与道路体系控制

邻里区收入空间可分为三类:一是公共交通环围与通过的点状或街状商娱场所空间;二是公共交通与工作道路交通交会处形成的商娱中心;三是工作道路交通连接的产业工作地区。对以上三类与交通有关的收入空间进行控制,可通过不同的道路体系进行控制。在以汽车为主的邻里区公共交通设施规划模式下,形成居住区与商业区、工作地的功能区域开发模式,使其成为居住、工作、消费与休闲的产业聚集地。也就是说,公共交通的土地利用方式促使邻里区与社区发展,也促使邻里区收入空间的构成。

(三)城市资源供给技术控制路径

提升城市社区体系可获性的技术控制途径主要指城市网络建设,如市政供水、供电、供气、供暖设施的管道覆盖率、布局及走向,城市道路交通密度、网络结构等,它们构建了城市空间结构,同时为城市的物质流动提供网络支持。

案例区的调查中,一些社区的居舍类型构成相似,但可获性差异大,主要是城市资源供给水平的差异造成的。豪华型住房、高档型住房和标准型住房城市交通空间体系比较完备,一般都紧邻城市干道或次干道，公交线路至少有2条通过，居民出入便利；由于上述区位的优势，商业相对聚集，居民生活便利；城市生活条件资源有保障，水电气暖的供给都很充足，有的供暖时间比太原市规定的还要延长，住宅小区和单位都有专门的物业部门管理和维修；这些居舍类型还占据着较多的城市公共空间-景观绿地资源，附近有公园、街角绿地、体育场等公共空间，社区内也有公共绿地或景观绿地供居民游憩和交流。而低劣型住宅往往位于低级区域路旁的内部区域，甚至邻里间只有自然形成的小径，居民出行主要靠人力交通工具；水电基本通达，但一些平房仍没有自来水，自建楼房则没有上下水，均为居民自己修建，电线私拉乱搭现象严重，造成安全隐患；供暖设施严重短缺，使得居民过冬困难，居民自己取暖则易造成空气污染和煤气中毒；社区内没有游憩绿地。

以新人本主义空间公正观为出发点，对城市不同区域的形态和功能控制，基于对太原市社区体系可获性的评价，建立符合居民行为特征的城市资源技术控制路径（图8-7）。

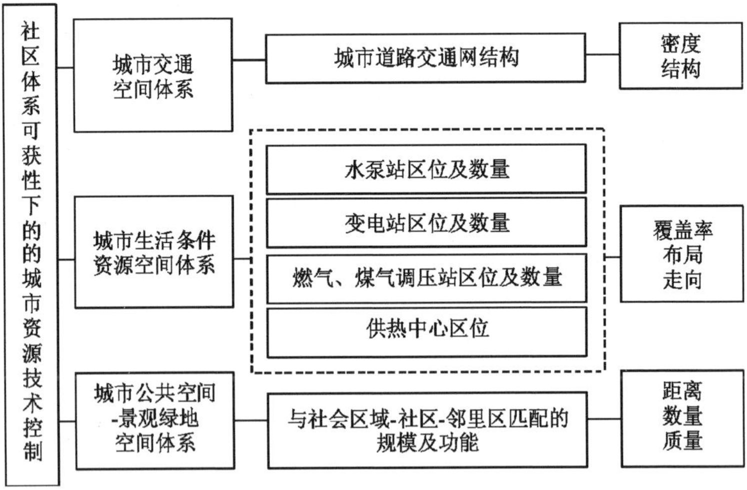

图8-7　社区体系可获性下的城市资源配置控制路径

需要调整城市资源配置的区域主要是低劣型住房聚集区。城市交通空间体系的控制，主要应增加低等级区域路附近的路网密度，尽量设计公交线路使其更多地通过低劣型住房聚集地附近的次干道，以方便低收入阶层利用公交出行。城市生活条件资源则应与社区或村委会协调，以财政补贴和居民有偿使用相结合的形式，实现各阶层居民共同享受城市生活资源的权利，提升其生活的安全度和便利程度，从而增强社区认同感，更好地融入城市生活，实现全市城市生活空间质量总体水平提升。

（四）管理层面的控制

1.推动混合居住与阶层交流

在中国很多社区通过改造，以“上滤”的形式由贫困社区转变为富人社区，被分散的低收入家庭更大规模地聚集在近郊的城乡结合部，有可能造成新的社会不稳定因素。

居住空间的阶层化能促进社区居民的高度自治，特有的“邻里效应”能减少社会失范风险，给城市管理带来机遇，提高社区服务水平，有利于服务的差别化、产业化经营，满足居民多样化需求；减少社区内部冲突，增加社区凝聚力；有利于社区公共物品的管理与建设，增强政府扶持的针对性。但是容易造成不同居住区阶层间的对立，在更大范围内影响社会稳定(徐晓军，2007；李斌，2013)。因此，面对居住分异这一广泛存在的现象，混合居住是一种比较提倡的方式。秉承“大混居，小聚居”的总体原则，通过在同一地区并置不同层次居住小区的办法，将各阶层社区间隔分布，实现混合与分异的有机结合。不同阶层的混合社区能够形成互相帮助的关系，比如较高收入的阶层可能为低收入阶层提供潜在的工作机会，在这种雇佣关系中，无形增加了不同阶层交流的机会，有利于贫富差距的缩小，进而促进社会公平和稳定。在新区开发建设时，应考虑混合的住宅供应体系，商品房结合保障福利房共同开发，给开发商以硬性的指标要求(田野,2009)。同时,鼓励打破门禁社区的建设行为,促进阶层交流融合。

2.提升贫困社区品质

贫困社区在环境品质、公共配套设施、物业管理水平、住宅价格等方面水平均较低,随着城市阶层化在居住空间体现地越来越明显和稳定,贫困社区成为资源配置"被遗忘的角落"。对贫困社区进行的改造,20 世纪 80 年代后,发达国家更多采用"住区提升"改造法①,这种做法可以在资源配置方面缩小贫困社区和富人社区的差距,并通过文化建设,为贫困社区寻求新的发展机遇。当今西方社会流行的"邻里复兴运动"就体现了这一思路,通过社区提升,缩小各阶层公共福利的差距。比如纽约市的旧城改造在消除城市不良建筑景观、解决社会低收入者住房困难、发展社区企业等方面,都取得了明显的效果,他们创立的"社区企业家"项目把具有公共积极性的项目同私有部门的资源相结合,产生一种新的城市经营模式(黄志宏,2006)。住区提升正是借助有意识的社会力量来弱化固有的资源分配的制度性安排后的巨大差异,激发社区居民生活的积极性,形成来自社区的持续响应和主动支持。

3.控制社区规模

控制社区规模,尤其是低标准住房的集聚规模。在美国,贫困邻里和贫困地区以普查统计单元为基准,约 4000 人规模,中国的低收入家庭聚居规模应控制在 1500 户左右(陈云,2009)。从管理层面而言,社区的规模过大会给管理造成很多困难,但是规模过小

---

①"住区提升"改造法是指政府着重改善贫困聚居区的居住环境和公共服务水平,增加更多的商业、娱乐、交通和健康设施,进而改善居民的生活条件,加强家庭的稳定性和社区的凝聚力,关注下层文化的发展,崇尚社区慈爱、官方友爱和人文主义管理。转引自李斌.中国城市居住空间阶层化研究[M].北京:光明日报出版社,2013:10–12.

又会造成管理成本增加的问题。由于现有的社区多采用“小封闭，大开放”的模式，会对城市空间造成分割，控制社区规模也可以使社区与城市更好地融合。公共服务设施的配套方面，大型社区需要达到“大而全，小而齐”的要求，包括绿地、活动场所、道路、停车场地、市政工程设施、教育、交往、健身甚至工作，但是在运营中受到服务水平和设施数量、质量的限制，难以满足居民日常生活需要，造成资源的浪费。而在小规模的社区、邻里区之间如果将公共服务设施置于街道网络上，既可以满足居民需求，也可以提高土地集约利用水平，还可以促进居民的交流。

第九章　结论与讨论

一、主要结论

(1)城市社区体系的空间结构可获性可以从原理上寻找出规律。从人本主义思想的城市生活空间质量观的理念出发,城市社区体系有其空间演化规律与对应的空间结构。在学术研究中,人文地理学、城市规划学、社会学等学科都越来越关注阶层化下城市(社会)空间的分异和城市居民行为的社会空间建构问题。人文地理学侧重于通过建立完整的城市日常生活场所体系,使城市中的各个阶层都有对应的可进入的生活空间,并提出城市社区体系规划理念,从而提升城市生活空间质量水平。城市规划关注某一个社区的空间构成,城市社会学更关注社区空间公正问题。就目前从理论与实践来看,城市社区体系规划还是一个理论学术问题,其关键是如何界定不同社会阶段下,城市社区体系的空间结构与演化。对社区空间体系空间结构的构建与控制的理念研究还缺乏社会公平与空间公正原理的响应。本书探讨的城市社区体系的空间结构可获性理念,正好可以揭示其规律。

(2)城市社区体系的空间结构可获性是可以用技术方法解构的。地理学者将剥夺的概念引入空间现象的对应研究,在社区空间结构中,以生活行为场所(社区居舍)作为空间资源进行配置,认为社区空间的公正问题本质上是行为场所资源的“分配性冲突”问题，它涉及城市居住空间环境质和量对不同阶层居民的对耦分配。

(3)用城市社区体系的空间结构可获性原理与方法可以解释目前中国大城市社会空间现状。通过对太原市案例区的调查研究和数据分析，认为其社区体系发育较完整；社区体系可获性较高的区域为成熟的单位制社区、高校内的教学区及一般商品房集聚的小区；低收入阶层的居舍类型严重不足，社会保障房建设未能惠及全社会成员；由于物质及社会因素的隔离，高收入阶层居舍类型空间隔离严重；城市满意度水平有待提高。

(4)城市社区体系可获性的提高需要通过公正配置城市资源来实现。城市交通空间体系、城市生活条件资源空间体系和城市公共空间-景观绿地空间体系构成城市资源系统，重构与调整社区体系空间结构应采取三条控制路径，即“区域路”结构下的商娱场所引力中心控制、社区体系下的交通空间体系资源分区覆盖结构控制和城市资源供给技术控制。

二、进一步研究的主要方向

(1)本书仅对城市社区体系的可获性水平进行评价，还没有深入到对城市社区体系空间结构控制规划理论的研究。

(2)对城市社区体系的可获性水平评价单元的研究，本书仅涉及对城市(一个中心)区域与社会区域进行评价，还未深入到把整个城市作为评价单元的实践，评价单元的理论适宜范围有待进一步探讨。

(3)本书基于太原市的案例研究，目前对太原市社会区域的划分还没有成熟的研究，因此在调查中只能选取行政区域(一个街道办事处)作为案例区，采用形态划分的办法对案例区进行社会区域的划分。以后的研究中，希望搜集到更为丰富的数据，可以采用多因子生态分析方法进行更为客观的社区体系划分的专项研究。

(4)本书对各社会区域的社区体系(居舍类型)可获性水平进行了评价,绘制了可获性地图。各阶层可获性水平地图可作为今后研究的一个方向。若对更多类型的社会区域进行研究,则可以反映城市社区体系现状的全貌。

附 录

调 查 问 卷

尊敬的先生/女士:

您好!我们正在做一项调研,现就社区生活情况请教您的一些看法,回答没有对错之分,请您客观如实陈述自己的观点。我们保证对您的个人资料绝对保密,敬请放心。非常感谢!

1. 调查对象基本资料:

性别:○男　○女

年龄:○0—18岁　○19—40岁

○41—60岁　○60岁以上

文化程度:

○初中及以下　○高中及中专

○大学　○研究生及以上

职业类别:

○管理阶层　○私营企业主

○学生　　　　　　○中间阶层
○工人阶层　　　　○自雇佣者
○城中村村民　　　○其他

居住时间：○2 年以下　　○2—5 年
○5—10 年　　○10 年以上

居住地点：○迎泽区　　○小店区
○晋源区　　○万柏林区
○尖草坪区　　○杏花岭区

个人月收入（包括全部收入）：
○1000 元以下　　○1000—2000 元
○2000—3000 元　　○3000—5000 元
○5000 元以上

访问地点：

2. 城市资源配置调查（请您在○里打√，如有未列出的选项，请在“其他”一栏内补充说明）

您认为影响您生活质量的因素是哪些：

○房屋类型　　○小区的口碑　　○周边的学校口碑
○供水　　○供电　　○供暖
○供气　　○公园　　○运动场
○广场　　○空气质量　　○朋友圈
○周围有没有公交　　○私家车停车场
○菜市场/超市　　○购物场所
○娱乐场所　　○小饭店
○其他______________________

您对现在居住的社区的满意度

○非常满意　　○基本满意　　○一般

○不太满意　　○很不满意

3. 居舍类型可获性调查（请您根据自己的情况，在表格内对应位置打√）

可获性指标		居舍类型							
		别墅	豪华公寓	中高档小区	新式单位房	老式单位房	平房	自建楼房	其他
	200m								
工作地与居住地之间可以接受的最大距离	500m								
	800m								
	1000m								
	2000m								
	3000m								
	其他								
到达的时间	10 分钟以内								
	10—30 分钟								
	30—60 分钟								
	60 分钟以上								
数量									
质量	高								
	较高								
	中等								
	较低								

感谢您的回答！

参考文献

[1]Aitken S C.1990. Local evaluations of neighborhood change [J]. Annals of the Association of American Geographers,80(2):247-267.

[2]American Planning Association.1994. Planning and Commu nity Equity[M]. Chicago, Illinois, Washington, D. C.: Plannners Press: 39-52.

[3]Bell C,Newby H. 1978. Community, communion, class and community action: the social sources of the new urban politics[A]. In Herbert, D. T. and Johnston, R. J., eds, Social areas in cities: processes, patterns and problems,Chichester: John Wiley:283-302.

[4]Berry BTL. 1973. Contemporary Urbanization Processes[C]. F. Horron(ed.):94-107.

[5]Bryan H. Massam. 2002. Quality of life: public planning and private living[J]. Progress in Planning,58: 141-227.

[6]Carstairs V, Morris R. 1991. Deprivation and Health in Scotland[M]. Aberdeen: Aberdeen University Press: 10-35, 239-336.

[7]Castells M. 1975. Immigrant workers and class struggles in advanced capitalism: the western Europe experience[J]. Politics and Society,5(1): 33-36

[8]Chakravarty S R, Moyes P. 2003. Individual welfare, social deprivation and incometaxation[J]. Economic Theory, 21: 843-869.

[9]Clavel P. 1986. The Progressive City: Planning and Participation, 1969-1984[M]. New Brunswick: Rutgers University Press.

[10]Crampton P, Davis P. 1998. Measuring deprivation and socioeconomic status: why and how?[D]. New Zealand Public Health Report:5,81-84.

[11]Crampton P, Salmond C,Sutton F. 1998. NZDep91: A New Zealand index of deprivation[J]. Australian and New Zealand Journal of Public Health,22(7): 95-97.

[12]Douglas F. 2008. Sustainable Urbanism: Urban Design With Nature[M]. Hoboken, New Jersey: John Wiley and Sons, INC.

[13]Duany A, E Plater-Zyberk, Alminara R. 2003. The New Civic Art[M]. New York: Rizzoli.

[14]Duany A, E Plater-Zyberk. 1992. The Second Coming of The American Small Town[J]. Wilson, Quarterly16: 19-50.

[15]Erikson R, Goldthorpe J. 1992. The Constant Flux, A Study of Class Mobility in Industrial Societies[M]. Oxford: Clarendon Press: 1-27.

[16]Falkheimer J. 2007. Anthony Giddens and public relations: A third way perspective[J]. Public Relations Review,33: 287-293.

[17]Giddens A. 1994. Beyond Left and Right-The Future of Radical Politics[M]. Cambridge: Polity Press: 75-76.

[18]Giddens A. 1998. The Third Way: The Renewal of social

Democracy[M]. Cambridge: Polity Press: 23-24.

[19]Giddens A. 1984. The constitution of society [M]. Cam bridege:Polity Press.

[20]Hallerod B. 1994. A New Approach to the Direct Consen sual Measurement of Pov erty[A]. Social Policy Research Centre. SPRC Discussion[C]. University of New South Wales: 50.

[21]Harvey D. 1973. Social justice and the city[M]. London: Edward Arnold.

[22]High Beam Research. 2008. A Dictionary of Sociology[EB/OL]. http://www.encyclopedia.com /doc/1088-deprivation.html.

[23]Huisman O, Forer P. 1999. Student access and campus geographies: operationalising time-geography for the study of student life. in: M.Roche, M. Mckenna and P. Hesp, Eds, Proceedings of the 20th New Zealand Geographical Society Conference[M]. Palmerston North: New Zealand Geographical Society:153-158.

[24]Aimin Chen. 1998. China's Urban Housing Market Development: problems and prospects[J]. Journal of Contemporary China, 7(17):43-60.

[25]Johnson R J, Gregory D, Smith D M. 1994. The Dictionary of Human Geography (third edition)[M]. Oxford: Blackwell: 558.

[26]Joseph A E, Pillips D R. 1984. Accessibility and Utilization: Geographical Perspectives on Health Care Delivery [M]. NewYork: Harper&Row: 156.

[27]Kearns A, Gibb K, Mackay D. 2000. Area deprivation in Scotland:a new assessment[J]. Urban Studies, 37: 1535-1559.

[28]Knox P, Pinch S. 2000. Urban Social Geography: An Introduction(Fourth edition)[M].Englewood Cliffs, N J: Prentice Hall.

[29]Kotler P, Armstrong G. 2003. Model of consumer behavior [EB/OL]. http://referaty seminarky.sk /consumer –markets –influences–on–consumer–behavior.

[30]Kwan M P. 1999. Gender and individual access to urban opportunities: a study using space–time measures [J]. Professional Geographer,51: 210–227.

[31]Levebrve, Henry. 1991. The Production of Space[M].Oxford:Backwell:410–411.

[32]Ley D. 1983. A Soocial Geography of the City[M]. New York: Harper and Row: 327–337.

[33]Ley D. 1989. Modernism, Postmodernism and the Struggle for Place. In: Agnew J, Duncan J. The Power of Pla ce[M]. London: Unwin Hyman: 44–65.

[34]Ley D. 1996. The New Middle Classes and the Remaking of the Central City [M]. Oxford: Oxford University Press: 1, 197, 234–236, 258, 298, 302, 307, 310

[35]Lin Nan, Walter M, Ensel, John C. Vaughn. 1981. social Resources and Strength of Ties: Structural Factors in Occupational Status Attainment[J]. American Sociological Review, 446(August): 393–405.

[36]Mack J, Lansley S. 1985. Poor Britain[M]. London:George Allen&Unwin: 26–78.

[37]Maddison R.et al. 2009. The environment and physical activity: The influence of psychosocial, perceived and built environ mental factors[J]. International Journal of Behavioral Nutrition and Physical Activity, (6): 19–28.

[38]Marcuse P. 1985. Gentrication, abandonment, and dis –

placement: connections, causes, and policy responses[J]. Journal of Urban and Contemporary Law, 28: 193–240.

[39]Martineau P. 1958. Social classes and spending behavior [J]. Journal of Marketing, 23(2): 121–130.

[40]McKenzie R. 1978. On Human Ecology[C]. A Hawley (ed). Chicago: University of Chicago Press.

[41]Myers D. 1988. Building knowledge about quality of life for urban planning[J]. Journal of the American Planning Association, 54: 347–358.

[42]Myers D. 1987. Community-relevant Measurement of Quality of Life: A Focus on Local Trends[J]. Urban Affairs Quarterly, 23 (1): 108–125.

[43]Niggebrugge A, et al. 2005. The index of multiple deprivation 2000 access domain: a useful indicator for public health?[J]. Social Science& Medicine, 60:2743–2753.

[44]Peach C. 1975. Urban Social Segregation[M]. London: Longman.

[45]Parish, William L, Ethan Michelson. 1996. Politic and Markets: Dual Transformations[J]. American Journal of Sociology, 101:1042–59.

[46]Robert A.2000. Cummins. Objective and Subjective Aquality of Life: An Interactive Model[J]. Social Indicators Research, 52(1): 55–72.

[47]Robert Gurr. 1971. Why Men Rebel[M]. Princeton, N. J. : Princeton University Press.

[48]Schmalenbach H. 1961. The sociological category of com munion[A]. In Parsons, T. etal., eds, Theories of society, 1:331–347.

[49]Sebnem Eroglu. 2007. Developing an index of deprivation which integrates objective and subjective dimensions: extending the work of Townsend, Mack and Lansley, and Hallerod[J]. Social IndicatorsResearch,80: 493–510.

[50]Shafer C. et al. 2000. A tale of three greenway trails: user perceptions related to quality of life[J]. Landscape and Urban Planning,49: 163–178.

[51]Shevky E, Williams M. 1949. The Social Areas of Los Angeles[M]. Los Angeles: University of California Press Press.

[52]Small J. 1986. A Modern Dictionary of Geography[M]. Edward,Aronldl: 41, 147.

[53]Shevky E, Bell W. 1955. Social Area Analysis[M]. Stanford, CA: Stanford University Press.

[54]Siming Li. 2000. The Housing Market and Tenure Decisions in Chinese Cities: A Multivariate Analysis of the Case of Guangzhou[J]. Housing Studies,15(2):213–236.

[55]Smith G J. 1978. Self–help and Social Networks in the Urban Community[J]. Ekistics,46: 106–115.

[56]Smith T, Maurice Nelischer, Nathan Perkins. 1997. Quality of an urban community: a framework for understanding the relationship between quality and physical form[J]. Landscape and Urban Planning,39(2–3): 229–241.

[57]Timms D. 1971. The Urban Mosaic[M]. Cambridge: The University Press.

[58]Townsend P. 1987. Deprivation[J]. Journal of social Policy,16: 125–146.

[59]Truman A Hartshorn. 1992. Interpreting the City: An Ur–

ban Geography (2nd edition) [M]. New York, Chicago, Brisbane, Toronto, Singapore: John Wiley and Sons, INC: 313, 314, 251.

[60]TUAN Yi-Fu. 1974. Topophilia: A Study of Environmental Perception Attitudes and Values[M]. Hemel Hempstead: Prentice-Hall: 248.

[61]TUAN Yi-fu. 2001. Space and Place- The Perspective of Experience[M]. University of Minnesota Press. Minneapolis, London. Eighth Printing.

[62]Vance J E. 1997. This Scene of Man[M]. New York: Harper and Row.

[63]Victor Nee, Yang Cao. 1999. Path Depandent Societal Transformation: Stratification in Hybrid Mixes Economies[J]. Theory and Society, 28(6): 799-834.

[64]Wellesley D J, Lews G J. 1984. Human Geography Behavioral Approaches[M].New York: Longman:331-360.

[65]Witten K, Exeter D, Field A. 2003. The quality of urban environments: Mapping variation in access to community resources [J]. Urban Studies, 40(1): 161-177.

[66]Wood M E. 1998. Making the global challenge of community participation in ecotourism: case studies and lessons from Ecuador[R]. Washington D. C: The Nature Conservancy: 3.

[67]Yaping Wang. 2000. Housing Reform and its Impacts on the urban Poor in China [J]. Housing Studies, 15(6):845-864.

[68]Yitzhaki S. 1993. Relative deprivation and the Gini coefficient[J]. Quarterly Journal of Economics, (2): 321-324.

[69]Young I M. 1990. Justice and the politics of difference. Princeton[M]. NJ: Princceton University Press.

[70]艾彬. 2005.社区生态评价与空间格局研究[D]. 上海: 华东师范大学硕士学位论文.

[71]安东尼·吉登斯. 2000. 第三条道路——社会民主主义的复兴[M]. 郑戈, 译. 北京: 北京大学出版社.

[72]保罗·诺克斯, 琳达·迈克卡西. 2009.城市化[M]. 顾朝林, 汤培源, 杨兴柱, 等译.北京: 科学出版社: 397,399.

[73]保罗·诺克斯, 史蒂文·平奇. 2005. 城市社会地理学导论[M]. 柴彦威, 张景秋, 等译. 北京: 商务印书馆.

[74]北京国际城市发展研究院数据中心. 2005. 生活质量决定城市价值[J]. 领导决策信息, (38): 1-23.

[75]彼得·霍尔. 2009. 明日之城——一部关于 20 世纪城市规划与设计的思想史[M].童明, 译. 上海: 同济大学出版社.

[76]蔡禾. 2005. 社区概论[M]. 北京: 高等教育出版社: 120.

[77]柴彦威. 2004.日本消费行为地理学研究进展[J]. 地理学报,59(1): 19-24.

[78]蔡禾,贺霞旭.2004.城市社区异质性与社区凝聚力[J].中山大学学报(社会科学版),54(2):133-151.

[79]柴彦威,等.2014.空间行为与行为空间[M].南京:东南大学出版社:11-12.

[80]柴彦威. 1996.以单位为基础的中国城市内部生活空间结构——兰州市的实证研究[J]. 地理研究,15(1): 30-38.

[81]陈柳钦. 2009.论现代城市社区的内涵、特性与功能[J]. 武汉科技大学学报 (社会科学版),11(2): 25-32.

[82]陈强.2006. 阶级、阶层与平等——现代西方马克思主义阶级理论分析[J]. 吉首大学学报 (社会科学版),27(5): 109-113.

[83]陈伟东, 舒晓虎. 2010.社区空间再造: 政府、市场、社会的三维推力——以武汉市 J 社区 和 D 社区的空间再造过程为分

析对象[J]. 江汉论坛,(10): 130–134.

[84]陈炜，徐绫泽.2010.“相对剥夺理论”在农村流动人口犯罪防控中的应用[J]. 法学杂志,(3): 78–80.

[85]陈晔，等. 2011.社区卫生工作人员及居民行为对构建中医药社区体系影响的研究进展[J]. 卫生软科学，25(6): 384–387.

[86]陈友华，吕程. 2012.香港公共住房制度: 给予还是剥夺[J]. 中国名城,(1): 4–11.

[87]陈云.2009.城市贫困区位化与社区重建[J].中南民族大学学报(人文社会科学版),29(1):86–89.

[88]陈云.2009.国外城市社区阶层化的应对策略及借鉴意义[J].内蒙古社会科学(汉文版),30(4):119–123.

[89]陈忠祥.2000.宁夏回族社区空间结构特征及其变迁[J].人文地理,15(5): 39–42.

[90]城市与社区的综合规划编译组. 1998.城市与社区的综合规划[M]. 北京: 中央广播电视大学出版社: 49–63，69–72.

[91]程玉申，周敏. 1998.国外有关城市社区的研究述评[J].社会学研究,(4): 54–60.

[92]楚静，王兴中，李开宇.2011.大都市郊区化下的社会空间分异社区碎化与治理[J].城市发展研究,18(3): 112–116.

[93]楚静. 2011.基于社区可获性原理下城市社区体系公正配置的控制研究——以西安城市社区为例[D]. 西安: 西安外国语大学硕士学位论文.

[94]戴慎志. 1999.城市工程系统规划[M]. 北京: 中国建筑出版社: 2.

[95]单文慧.2001.不同收入阶层混合居住模式——价值评判与实施策略[J].城市规划,25(2):26–29,39.

[96]邓玲. 2010.高血压患者医院社区体系化健康教育管理效

果评价[J]. 齐鲁护理杂志,16(19): 35–36.

[97]邓清. 1995.城市结构的转型与住房问题[D]. 北京: 北京大学博士学位论文.

[98]董屹，平刚. 2009.从社会公正到空间公正——关于安置区涉及策略的社会意义分析[J]. 时代建筑，(2): 50–55.

[99]杜晓黎.2008.中国城市资源营销策略研究[D]. 青岛: 中国海洋大学: 19–46.

[100]范嫣红. 2011.相对剥夺理论与外来人口犯罪[D]. 上海: 复旦大学硕士学位论文.

[101]方创琳，刘海燕. 2007.快速城市化进程中的区域剥夺行为与调控路径[J]. 地理学报,(08): 849–860.

[102]方洪杰. 2011.基于社区体系理念下城市功能型社区资源配置控制研究.[D]. 西安: 西安外国语大学硕士学位论文.

[103]费孝通. 1998.费孝通文集: 第五卷[M]. 北京: 群言出版社.

[104]风笑天. 2007.生活质量研究: 近三十年回顾及相关问题探讨[J].社会科学研究,(6):1–8.

[105]冯健. 2004.转型期中国城市内部空间重构[M]. 北京:科学出版社.

[106]付允，牛文元. 2009.社会群体多维剥夺感模型及应用[J]. 中国管理科学,17(3): 107–114.

[107]高桥鹰志. 2007. 城市生活的质量[J]. 陆伟，周博，译. 建筑学报,(2): 8.

[108] 龚迪.2010. 城市化进程中“农民工”的住房问题探讨——基于社会公平的角度[J].理论与当代工作研究,(7): 44–48.

[109]顾朝林，克斯特洛德 C. 1997. 北京社会空间结构影响

因素及其演化研究[J]. 城市规划,(4): 21–25.

[110]顾朝林，克斯特洛德 C. 1997. 北京社会极化与空间分异研究[J]. 地理学报,52(5): 385–393.

[111]顾朝林,等编著. 2008.人文地理学流派[M]. 北京: 高等教育出版社.

[112]郭茜. 2004. 中国生活质量影响因素分析[D]. 北京: 首都经济贸易大学.

[113]韩明谟. 1997. 中国社会学调查研究方法和方法论发展的三个里程碑[J]. 北京大学学报（哲社版),(4): 5–15.

[114]何秉孟，姜辉. 2005. 阶级结构与第三条道路[M]. 北京: 社会科学文献出版社.

[115]贺艳华,等. 2014. 论乡村聚居空间结构优化模式——RROD 模式[J].地理研究,33(9): 1716–1727.

[116]红霞，方冠群. 2010. 社会公平视角下城市中低收入家庭住房政策研究[J]. 山西农业大学学报(社会科学版),9 (3): 367–370.

[117]侯衍社. 2009. “第三条道路”价值观时代背景透析[J]. 山东师范大学学报（人文社会科学版),54 (3): 130–134.

[118]侯宇红，张学文. 2007. 城市居住社区空间营造初探[J]. 规划师,23(5):9–12

[119]黄程. 2004.浙江城市生活质量评价[D]. 杭州: 浙江大学.

[120]黄亚平. 2009.城市规划与城市社会发展[M]. 北京. 中国建筑工业出版社: 95–98.

[121]黄怡，周俭. 2011.大型社区的人口、住房、活力与公平——上海大型社区规划理念与策略的社会学思考[J]. 时代建筑,(4): 24–29.

［122］黄怡. 2006.城市社会分层与居住隔离［M］. 上海: 同济大学出版社: 123，125–127.

［123］黄玉捷. 1997. 社区整合: 社会整合的重要方面［J］. 河南社会科学,(4): 71–74.

［124］黄志宏. 2005. 城市居住区空间结构模式的演变［D］. 北京: 中国社会科学院研究生院博士学位论文: 5.

［125］黄志宏.2006. 西方国家旧城改造与贫困社区的可持续发展——纽约市旧城改造成功经验启示［J］.城市,(6):31–34.

［126］吉尔· 格兰特. 2010. 良好社区规划——新城市主义的理论与实践［M］.叶齐茂,倪晓晖，译. 北京: 中国建筑工业出版社: 57–62，66，46，18，155–177.

［127］江旭云，许斗斗. 2006. 农民阶层的“机会平等”问题透析［J］. 发展研究,(11): 108–110.

［128］江应澄. 1989. 城市地理学［M］. 北京: 地质出版社: 153.

［129］姜洪庆. 2010. 基于社会结构转型过程中的规划方法思考——社区空间研究初探［J］. 城市规划,34 (11): 9–13.

［130］凯文· 林奇. 2001. 城市意象［M］. 方益萍，何晓军，译. 北京: 华夏出版社.

［131］李斌. 2013. 中国城市居住空间阶层化研究［M］.北京:光明日报出版社.

［1232］李博. 2008. 贫困线测定问题研究综述［J］. 当代经济，(2): 40–41.

［133］李国伟. 2008. 自然生态要素对太原城市空间结构的影响［J］. 科学之友(B),(1): 133–134.

［134］李俊. 2005.相对剥夺理论的价值论视角［J］. 学海，(4): 175–178.

[135]李俊. 2004.相对剥夺理论与弱势群体的心理疏导机制[J]. 社会科学,(4): 74–78.

[136]李汉林,李路路. 2000. 单位成员的满意度和相对剥夺感——单位组织中依赖结构的主观层面[J].社会学研究,(2): 1–17.

[137]李红波,等.2012.欠发达地区聚落景观空间分布特征及其影响因子分析——以安徽省宿州地区为例[J].地理科学,32(6): 711–716.

[138]李梦玄, 周义. 2011.中美城镇住房保障方式的效率和公平比较分析[J]. 金融教学与研究,(5): 34–39.

[139]李敏. 2011.基于社会公平的住房问题[J]. 合作经济与科技,(4 上): 109–110.

[140]李培林, 等. 2004. 中国社会分层[M]. 北京: 社会科学文献出版社.

[141]李强. 2006. 当代中国社会结构变化的新趋势[J]. 经济界,(1): 35–42.

[142]李强. 2005. "丁字型"社会结构与"结构紧张"[J].社会学研究,(2):55–73..

[143] 李素华. 2005. 社会公正: 社会发展的核心价值和根本动力[J]. 探索与争鸣,(5): 23–24.

[144]李小兵. 2009. 太原市城市空间拓展及驱动力研究[D]. 重庆: 西南大学.

[145]李燕玲. 2011. 基于社会空间结构下城市社会区域演化与空间结构研究[D]. 西安:西安外国语大学.

[146]李永文. 1996. 社会空间研究的方法[J].地理科学进展,(4):35–37.

[147]李志刚, 顾朝林.2011.中国城市社会空间结构转型[M].

南京: 东南大学出版社.

[148]李志刚，吴缚龙，刘玉亭. 2004. 城市社会空间分异: 倡导还是控制[J]. 城市规划学刊，(6): 48-52，96.

[149]廖邦固，等. 2008. 1947-2000 年上海中心城区居住空间结构演变[J].地理学报，63(2): 195-206.

[150]林顺利，孟亚男，刘海燕. 2010. 论城市发展的空间正义——基于城市贫困空间剥夺的研究[J]. 科技风，(9):79，81.

[151]林顺利，张岭泉. 2010. 社会政策的空间之维——以城市贫困的空间剥夺为例[J].河北大学学报（哲学社会科学版），(4): 63-68.

[152]刘君德，靳润成，张俊芳. 2004.中国社区地理[M]. 北京: 科学出版社: 2，81.

[153]刘君德，张玉枝. 1995a.上海浦东新区行政区——社区体系及其发展研究(上)[J]. 城乡建设，(9): 13-15.

[154]刘君德，张玉枝. 1995b. 上海浦东新区行政区——社区体系及其发展研究(下)[J]. 城乡建设，(10): 23-24.

[155]刘沛林，等.2011.我国古城镇景观基因“胞-链-形”的图示表达与区域差异研究[J].人文地理，(1):94-99.

[156]刘卫常. 2006.论社会阶层结构的中产化是中国当前构建和谐社会的重要途径[J].甘肃农业，(3): 11-12.

[157]刘晓霞，王兴中. 2008.城市社区的社区资源公正配置研究[J]. 人文地理，(2): 39-42.

[158]刘晓霞. 2009. 基于城市社会-生活空间质量观的社区资源配置研究[D]. 西安: 西北大学: 69，72.

[159]刘欣. 2002.相对剥夺地位与阶层认知[J]. 社会学研究，(1): 81-90.

[160]刘易斯· 芒福德. 2004.城市发展史——起源、演变和前

景[M]. 宋俊岭，倪文彦，译. 北京: 中国建筑工业出版社.

[161]刘争光,张志斌.2014.兰州城市居住空间分异研究[J].干旱区地理,37(4):846-856.

[162]卢海生.2006. 社会分层理论与当代西方社会发展[J].地方经济社会发展研究,(3): 9-10.

[163]陆学艺. 2002.当代中国社会阶层研究报告[M]. 北京:社会科学文献出版社: 20-37, 44-47,62,65-66.

[164]陆学艺. 2003.当代中国社会阶层的分化与流动[J]. 江苏社会科学,(4): 2-9.

[165]陆学艺. 2010.当代中国社会结构[M]. 北京: 社会科学文献出版社: 8-23.

[166]罗杰逊 R. 1990.如何评价城市生活质量[J]. 赵中枢，译. 国外城市规划,(1): 45-47.

[167]吕庆春，伍爱华. 2011.转型社会中制度安排所形成的社会剥夺与国民差序[J]. 理论探讨,(2): 11-15.

[168]马超英，阎耀军，田国栋. 2002.中国大城市社会发展综合评价指标体系研究[Z].国家科技成果.

[169]马克·戈特迪纳,莱斯利·巴德.2013.城市研究核心概念[M].邵文实 译.南京:江苏教育出版社:15,72.

[170]马克思，恩格斯.1995. 马克思恩格斯选集（第一卷）[M]. 中共中央马克思恩格斯列宁斯大林著作编译局，编译. 北京:人民出版社: 367.

[171]马卫红. 2007. 社区建设中的城市邻里:复兴抑或重构[J].中共福建省委党校学报,(6):21-25.

[172]米切尔. 1987. 新社会学词典[M]. 上海: 上海译文出版社: 51,59,101,220,301.

[173]南爱琳. 2007. 后现代城市主义[M]. 张冠增，译. 上海:

同济大学出版社.

［174］尼克·沃特斯. 2003. 社区规划手册［M］. 卢剑波，译. 北京: 科学普及出版社.

［175］诺南· 帕迪森. 2009. 城市研究手册［M］. 郭爱军，王贻志，等，译校. 上海: 格致出版社，上海人民出版社: 250.

［176］帕克 R E,伯麦斯 E N,麦肯齐 R D.1987. 城市社会学［M］. 宋峻岭，吴建华,王登斌，译. 北京: 华夏出版社: 110.

［177］帕克,等. 2012. 城市社会学——芝加哥学派城市研究［M］.宋俊岭,郑也夫,译.北京:商务印书馆:65,66.

［178］帕特南. 2001. 让民主运转起来［M］.南昌:江西人民出版社.

［179］潘秋玲，王兴中. 1997. 城市生活质量空间评价研究——以西安市为例［J］. 人文地理,12 (2): 29–36.

［180］潘祖光. 1994. “生活质量”研究的进展与趋势［J］. 浙江社会科学,(6):73–76.

［181］任娜. 2005. 生活质量主观指标研究［D］. 武汉: 武汉大学.

［182］沈万夫. 2011. 天津城市中心区居住分异研究［D］.天津大学硕士学位论文.

［183］苏斯耐 K,费舍 G A. 1987. “生活质量的社会学研究”［J］. 国外社会科学,(4): 58.

［184］苏晓红. 2009. 廊坊市居住空间分异研究［J］. 资源与产业,(1): 97.

［185］孙斌栋,吴雅菲. 2009. 中国城市居住空间分异研究的进展与展望［J］.城市规划,33(6):73–80.

［186］孙峰华，王兴中. 2002. 中国城市生活空间及社区可持续发展研究现状与趋势［J］.地理科学进展,21 (5): 491–499.

[187]孙立平. 2003. 断裂:20 世纪 90 年代以来的中国社会[M].北京:社会科学文献出版社.

[188]孙立平. 2004. 失衡:断裂社会的运作逻辑[M].北京:社会科学文献出版社.

[189]唐巴特尔. 2002. 论社会空间的基本形式及其方法论意义[J].内蒙古大学学报(人文社会科学版),34(6):18-22.

[190]田野. 2007. 转型期中国城市不同阶层混合居住研究[M].北京:中国建筑工业出版社.

[191]童明，等. 2005. 社区的空间结构与职能组织——以上海市江宁路街道社区规划为例[J]. 城市规划学刊,(4):60-66.

[192]王春雷. 2010. 城市化的代价——中心城市对周边城市的剥夺[J]. 经济研究导刊,(1): 135-136.

[193]王春林. 2011. 农民工相对剥夺感产生原因分析[J]. 安徽农业科学,39 (10): 6180-6181, 6184.

[194]王立，等. 2009. 城市社会生活空间质量观理念下的城中村发展演进机制[J]. 现代城市研究,(6): 78-82.

[195]王立，王兴中. 2011a.城市生活空间质量观下的社区体系规划原理[J]. 现代城市研究,(9): 62-71.

[196]王立，王兴中. 2011b. 城市社区生活空间结构之解构及其质量重构[J]. 地理科学，31 (1): 22-28.

[197]王立，王兴中. 2010. 基于新人本主义理念的城市社区生活空间公正结构探讨[J].人文地理,25 (6): 30-35.

[198]王立. 2010. 城市社区生活空间规划的控制性指标体系[J]. 现代城市规划,(2): 45-54.

[199]王宁. 2001. 消费社会学[M]. 北京: 社会科学文献出版社:6.

[200]王昕,潘绥铭. 2001. 城市居住空间分异的动力机制研究——从城市空间资源使用谈起[J]. 中国海洋大学学报(社会科学版),(6):78-82.

[201]王兴中，等. 1988. 行为地理学道路[M]. 西安: 陕西人民出版社: 200-203，207-209.

[202]王兴中，等. 1992. 城市社会空间结构[M]. 西安:西安地图出版社: 58，171.

[203]王兴中，等. 2000. 中国城市社会空间结构研究[M]. 北京: 科学出版社: 107-160，54，36-37，114-115，116，117，118，179-188,193-201.

[204] 王兴中，等. 2002. 当代国外对城市生活空间评价与社区规划的研究[J]. 人文地理,17 (6): 1-5.

[205]王兴中，等. 2004. 新社会经济思潮下的旅游规划体系及设计[J]. 人文地理,(4): 1-7.

[206]王兴中，等. 2004c. 中国城市生活空间结构研究[M]. 北京: 科学出版社: 98，167，169，14，20.

[207]王兴中，等. 2008. 国外对空间剥夺及其城市社区资源剥夺水平研究的现状与趋势[J]. 人文地理,23 (6): 7-12.

[208]王兴中，等. 2009. 中国城市商娱场所微区位原理[M]. 北京: 科学出版社: 53,151-152，161，164，166，153，236-237，237-238，255.

[209]王兴中,等. 2012. 城市社区体系规划原理[M].北京:科学出版社:22-24,93-120.

[210]王兴中，刘永刚. 2007. 人文地理学研究方法论的进展与“文化转向”以来的流派[J]. 人文地理,(6): 1-7.

[211]王兴中，王非. 2001. 国外城市社会居住区域划分模式[J]. 国外城市规划: 31-32.

[212]王兴中. 1995a. 城市居住空间结构的演变与社会区域划分研究[J]. 城市问题，(1): 15–20.

[213]王兴中. 1995b. 中国内陆区域中心城市日常城市体系及其范围界定——以西安为例[J]. 人文地理,10 (1): 1–13.

[214]王兴中. 2004a. 社会地理学社会—文化转型的内涵与研究前沿方向[J]. 人文地理,(1): 2–8.

[215]王兴中. 2004b. 城市内部生活场所的微区位研究进展[J]. 地理学报，(增刊): 125–131.

[216]王兴中. 2011. 城市生活空间质量观下的城市规划理念[J]. 现代城市研究，(8): 40–48.

[217]王仲彦，申玲. 2011. 保障性住房市场公平分配研究[J]. 商业时代，(13): 94–96.

[218]望晓东，魏玲，刘小玲. 2011. 城市廉租住房制度的困境与出路——基于公平与效率视角的分析[J]. 河南城建学院学报,20(5): 74–79.

[219]吴理财. 2003. 论中国社会阶层的划分及分析[EB/OL]. http://www.ccrs.org.cn.

[220]吴启焰. 1999. 城市社会空间分异的研究领域及其进展[J].城市规划汇刊,(3):23–26,27.

[221]吴启焰. 2001. 大城市居住空间分异研究的理论与实践[M]. 北京: 科学出版社.

[222]吴志强. 2000.《百年西方城市规划理论史纲》导论[J]. 城市规划汇刊，(2): 9–18.

[223]夏海勇. 2002. 生活质量研究: 检视与评价[J]. 市场与人口分析，8(1): 67–75.

[224]吴启焰,崔功豪. 1999. 南京市居住空间分异特征及其形成机制[J].城市规划,23(12):23–35.

［225］吴忠民. 2007. 社会公正研究的现状及趋向——近年来国内学术界社会公正研究述评［J］.学术界,(3):7-24.

［226］吴忠民. 2004. 社会公正论［M］.济南:山东人民出版社:243-252,93.

［227］项飚. 1996. 传统与新社会空间的生成——一个中国流动人口聚居区的历史［J］.战略与管理,(6):99-111.

［228］肖倩. 2011. 农民工城市经济适应过程中的剥夺问题与城市安全［J］. 晋阳学刊,(4): 38-41.

［229］小田，睦桂庆. 1998. 社区体系与乡村发展——对近代江南乡村发展缓滞的一种解析［J］. 铁道师院学报，15(2): 68-71.

［230］谢玲丽. 1998. 美国社区中的非政府组织［J］. 探索与争鸣,(6): 38-39.

［231］谢守红，蹇登俊. 2009. 中国城市社区空间组织演变与优化［J］. 宁夏社会科学,(4): 56-58.

［232］熊燕. 2010. 中国城市集合住宅类型学研究(1949-2008)——以北京市集合住宅类型为例［D］.华中科技大学博士学位论文.

［233］徐进勇，李箭飞. 2010. 基于人居环境分类理念的规划控制方法探索——“断面图”和“聪明规划”在清远市广清大道城市设计中的运用［J］. 规划设计,26(5): 55-60.

［234］徐晓军. 2000. 社区的阶层化及其机遇与挑战［J］.北京社会科学,(3):143-146.

［235］徐晓军. 2007. 城市阶层隔离与社区性格［J］.社会主义研究,(1):98-100.

［236］许学强，等. 1989. 广州市社会空间结构的因子生态分析［J］.地理学报,44(4): 385-399.

[237]许学强，周一星，宁越敏. 1997. 城市地理学[M]. 北京: 高等教育出版社: 207.

[238]宣国富. 2010. 转型期中国大城市社会空间结构研究[M].南京:东南大学出版社.

[239]薛德升，曹晓曙，曹丰林. 2006. 山区资源型大城市社区分类特征与影响因素——以广东省韶关市为例[J]. 地理研究, 25(1): 141-150.

[240]雅各布斯 J. 2008. 美国大城市的死与生(纪念版) [M]. 金衡山，译. 南京: 译林出版社.

[241]杨德昭. 2006. 新社区与新城市——住宅小区的消逝与新社区的崛起[M]. 北京:中国电力出版社: 90-99, 103-109.

[242] 杨东林. 2005. 太原城市土地利用中的问题与对策[J]. 太原大学学报,6(1): 21-25.

[243]杨瑞. 2009. 西安城市城中村社区上滤的空间重构研究[D]. 西安: 西安外国语大学硕士学位论文: 15.

[244]杨卫丽，王兴中，张杜鹃. 2010. 城市生活质量与生活空间质量研究评介与展望[J]. 人文地理,25(3): 20-23, 4.

[245]杨宜音，张曙光. 2008. 理想社区的社会表征: 北京市居民的社区观念研究[J]. 中国农业大学学报（社会科学版),(1): 109-123.

[246]杨引弟. 2008. 小城市社区资源可接近性评价、公正配置规划及保障体系研究——以陕西省周至县为例[D]. 西安:西安外国语大学硕士学位论文:42-45, 60.

[247]叶凌晨. 2006. 上海居住社区商业调查与研究——基于居住社区空间结构的分析[D]. 上海: 同济大学硕士学位论文.

[248]易峥，阎小培，周春山. 2003. 中国城市社会空间结构研究的回顾与展望[J]. 城市规划汇刊, (1): 21-25.

[249]于文波. 2005. 城市社区规划理论与方法研究——探寻符合社会原则的社区空间[D].杭州: 浙江大学博士学位论文.

[250]于一凡. 2010. 城市居住形态学[M]. 南京: 东南大学出版社: 162, 166.

[251]虞蔚. 1986. 城市社会空间的研究与规划[J]. 城市规划,10(12): 25–28.

[252] 袁媛, 吴缚龙, 许学强. 2009. 转型期中国城市贫困和剥夺的空间模式[J]. 地理学报,64(6): 71–77.

[253] 袁媛, 吴缚龙. 2010. 基于剥夺理论的城市社会空间评价与应用[J]. 城市规划学刊,(1): 753–763.

[254]约翰斯顿 R J. 2004. 人文地理学词典[M]. 柴彦威, 等译. 北京: 商务印书馆: 655–657, 660–661.

[255]翟洲燕. 2011. 基于社区体系结构原理下社区资源可获性评价原理研究——以西安市四个社区为例[D]. 西安: 西安外国语大学硕士学位论文.

[256]张晨. 2011. 城市化进程中的"过渡型社区": 空间生成、结构属性与演进前景[J].苏州大学学报,(6): 74–79, 196.

[257]张春祥, 靳晓慧. 2000. 关于太原城市空间发展战略的思考[J]. 上海城市规划,(3): 23–30.

[258]张春祥, 王富华. 2000. 太原城市空间发展战略[J]. 城市问题,(2): 31–35.

[259]张纯, 柴彦威. 2009. 中国城市单位社区的空间演化: 空间形态与土地利用[J]. 国际城市规划,24(5): 28–32.

[260]张京祥. 1998. 国外城市居住社区的理论与实践评述[J]. 国外城市规划, (2): 43–46, 114–115.

[261]张京祥. 2005. 西方城市规划思想史纲[M]. 南京: 东南大学出版社: 230, 228.

[262]张侃侃. 2009. 基于城市意象分析的太原市城市形象优化设计[D]. 临汾: 山西师范大学硕士学位论文.

[263]张鹂. 2014. 城市里的陌生人:中国流动人口的空间、权力与社会网络的重构[M].袁长庚 译.南京:江苏人民出版社.

[264]张宁. 2004. 城市康体环境评价与规划研究[D]. 西安: 西安外国语学院硕士学位论文: 33–35.

[265]张沛, 张中华. 2009. 国外城市居住社区设施可获性研究及其在中国西安的实践[J]. 国际城市规划,24(1): 84–93.

[266]章士嵘. 2002. 西方思想史[M]. 上海: 东方出版中心.

[267]张中华. 2008. 大城市社区资源的和谐配置与规划保障体系的构建[D]. 西安: 西安外国语大学硕士学位论文.

[268]赵书霞. 2011. 农民工群体贫困的社会“剥夺”理论[J]. 河北理工大学学报 (社会科学版),11(4): 23–25.

[269]郑杭生,李路路. 2005. 社会结构与社会和谐[J]. 中国人民大学学报,(2):2–8.

[270]郑杭生. 2002. 关于中国城市社会阶层划分的几个问题[J]. 江苏社会科学,(2): 3–6.

[271]中国社会科学院语言研究所词典编辑室. 2012. 现代汉语词典(第6版)[M].北京:商务印书馆.

[272]中华人民共和国建设部.1994.中华人民共和国国家标准.城市居住区规划设计规范(GB50180–93)[S].

[273]中华人民共和国国务院公报. 2011. 国务院办公厅关于印发社区服务体系建设规划(2011–2015年)的通知[EB/OL]. http://www.gov.cn/zwgk/.

[274]周晓辉. 2005. 大城市居住社区空间分异过程及机制研究——以西安市为例[D]. 西安: 西北大学硕士学位论文.

[275]周长城, 等. 2003. 中国生活质量: 现状与评价[M]. 北

京:社会科学文献出版社: 7–9.

[276]周长城，饶权. 2001. 生活质量测量方法研究[J]. 数量经济技术经济研究,(10): 74–77.

后 记

这部书稿是在我的博士研究生学位论文基础之上完成的。三年前，博士毕业之时，我对自己的论文仍有一些遗憾，在三年工作中，我努力让它一点点丰满。感谢一直以来予以我指导、鼓励和帮助的师长和友人们、基层社区工作人员和热心的受访者们，本书也凝聚了你们的心血。

2015年，我申报的“农业转移人口居住空间类型与可获性评价——以太原都市圈为例”获得了国家自然科学基金委员会的支持，这是对我的信任，更是催促我奋发前行的动力。城市是学术界广泛关注的对象，空间作为城市的宝贵资源，引发着流动、集聚、剥夺、演替等一系列问题，地理、社会、经济、规划、生态学都在不断关注，我的研究仅是一个小小的尝试，还存在着许多不足，既希望得到同行们的肯定，也愿意接受批评。

最后，感谢我的家人，在我所有快乐或艰难的时光里，是他们的支持、理解、关爱和鼓励，才使我可以没有羁绊地奋进！

怀着一颗感恩的心，带着一颗向上的心，我希望在无边学海中体验更多的风景。

张侃侃

2015年9月

图书在版编目(CIP)数据

城市社区体系结构可获性研究 / 张侃侃著. —太原:山西经济出版社,2015.11

ISBN 978-7-80767-960-8

Ⅰ. ①城… Ⅱ. ①张… Ⅲ. ①城市—社区建设—研究—太原市 Ⅳ. ①D669.3

中国版本图书馆 CIP 数据核字(2015)第 258054 号

城市社区体系结构可获性研究

著　　者: 张侃侃
责任编辑: 李慧平
装帧设计: 赵　娜

出 版 者: 山西出版传媒集团·山西经济出版社
地　　址: 太原市建设南路 21 号
邮　　编: 030012
电　　话: 0351-4922133(发行中心)
0351-4922085(总编室)
E - mail: scb@sxjjcb.com(市场部)
zbs@sxjjcb.com(总编室)
网　　址: www.sxjjcb.com

经 销 者: 山西出版传媒集团·山西经济出版社
承 印 者: 山西科林印刷有限公司

开　　本: 880mm × 1230mm　1/32
印　　张: 6
字　　数: 140 千字
版　　次: 2015 年 11 月 第 1 版
印　　次: 2015 年 11 月 第 1 次印刷
书　　号: ISBN 978-7-80767-960-8
定　　价: 35.00 元